中学生のための脚本集 U-15 上

under fifteen

一般社団法人
日本演劇教育連盟 編

U-15

晩成書房

はじめに

この脚本集には、いろいろなかたちの演劇が詰まっています。おもちゃ箱をひっくり返したみたいに！　いろいろな劇に出会うことでしょう。

日常活動の練習用に使える小脚本から、じっくり時間をかけて取り組んでいく脚本、小発表用の脚本、学校行事で活用できるメッセージのある脚本などです。最新の作品がほとんどですが、上演を重ねている「名作」とも言える作品も掲載しています。

内容の面からは、楽しんで取り組めるもの、演じながら考えを深め、人と人の関係を学んでいくもの、多くの道具を置かずに小道具と演技でその世界を創りだすもの、逆に大道具の工夫で観客をあっと驚かせるもの、などと幅広くそろえました。

この脚本集に収めた脚本は、ほとんどが中学校の現場で生まれ、実際に上演された作品です。もちろん最初から、作者が思いを込めて戯曲として書き下ろした作品もありますが、多くの作品がはじめの時点に集団で話し合い、そこで考えたことを出発点として創作に移っています。作者が目の前にいる生徒に、役を当てはめ、思い浮かべ、書いたものが多いのです。それらの作品をみなさんの学校で演じるときには、時には生徒一人一人の個性に合わせて手を加えることが必要になる場合もあるでしょう。

一方で、せりふのひとつひとつに、作品にこめられた作者のメッセージがあります。それを見つけ出してほしいと思います。脚本を読み込み、作者のメッセージを読み取って、そこにいる生徒の個性に合わせた上演をしてください。

なお、脚本を書きかえた場合は、できあがった上演台本を、一般社団法人日本演劇教育連盟を経由して作者に届けるようにしてください。（詳しくは、216ページの「学校演劇脚本の上演手続き」をご覧ください。）

劇を創っていく過程が、一人の力ではできないところに、劇の最大の魅力と偉大な力があります。演劇の魅力は、役を演じながら表現力を磨いていく充実感を体験できることです。そして、人と人とがつながりあっている実感を持てることにもあります。言いかえれば、表現とコミュニケーション能力が育っていっているということです。

ぜひ、全国の学校で上演活動に取り組んで表現の種をまき、花を大きく咲かせていってください。仲間たちの協力で、工夫を凝らし、すてきな世界を創りあげていってください。作者や「上演のてびき」に書かれた世界を乗り越えて演出してくださることを、ひそかに期待しております。

上演しての感想や批評もお聞かせください。ご意見を生かして、私たち一般社団法人日本演劇教育連盟は、これからもよい脚本をみなさんのもとにお届けしたいと思っています。

二〇二一年一月

『中学生のための脚本集U-15』編集委員会　**星　陽子**

中学生のための 脚本集U-15 上 もくじ

■表示した上演時間は、おおよその目安です。
■登場人物数（男女別）は、脚本を普通に読んだ場合の数を示しました。
演出のしかたによって増減する場合があります。

ワンダーエース

山崎伊知郎

おじいさんの遺品の中から出てきた紙芝居の道具。
中にはヒーローものの未完の作品が。
悪者に痛めつけられる「ワンダーエース」を立ち上がらせるものとは……。

上演＝東京・江東区立深川第三中学校演劇部　［写真＝小山内徳夫］

登場人物

織原つむぎ（二年C組学級委員長　演劇部員）
織原カナエ（つむぎの妹）
織原はなえ（つむぎの祖母）
織原桃子（つむぎの母）
瀧上キイチ（カナエのクラスメート）＊
トキワルミ子（ワンダーエースの友達）
ワンダーエース（紙芝居のヒーロー）＊
グーデナグール（世界征服を企む悪党）＊
ブグ（グーデナグールの手下）＊
バグ（グーデナグールの手下）＊
瀧上比沙子（キイチの姉、演劇部の三年）
日景ひより（つむぎの同級生　引っ込み思案）
織原健吉（つむぎの祖父　回想で登場）＊
三田園里佳子（二年C組学級担任）
二年C組生徒A～C（女子）、D～F（男子）＊
回想の子どもたち（母、三田園、生徒A～Fが兼役可能）

◎初演は全員女子で行いました。＊印の役を女子が演じることも可能です。

1　2年C組の教室(1)

下校前の学活。学級委員の織原つむぎが帰りの会の司会をしようとしているが、生徒たちは私語に夢中。

つむぎ　合唱コンクールの自由曲を……（大きな声で）自由曲を決めないといけないんですけど……

私語大きくなる。

つむぎ　（さらに大きな声で）自由曲をきめないとぉ！

全員、つむぎに注目。

つむぎ　あの……自由曲

生徒　合唱コンいつだ？

生徒　三月。

生徒　早くね？　自由曲決めるの。ウケる～

つむぎ　でも今から決めないと練習が

生徒Ａ　（遮る）委員長がきめちゃっていいよ。（ＢとＣに）ねえ。

生徒Ｃ　エッ、やだ。あたし美空ひばり歌いたい！（歌う）♪りんご～の～

生徒Ｂ　そんなのカラオケで歌いなよ。

生徒Ｃ　はな～び～らが～（ひどい）

生徒Ｂ　ううう歌うな～っ！

つむぎ　あのぉ、もう少しまじめに……

生徒Ａ　カラオケいいね！

生徒Ｂ　今度いこっか？

生徒Ｃ　賛成

生徒ＡＢ　え～っ、くるの～？

騒然とした教室の中で、ひよりがポツンと立っている。つむぎ、ひよりと目が合う。ひより、つむぎに何もしてやれず、下を向いてしまう。

つむぎ　（もう一度大きな声で）あの！

全員、つむぎに注目する。（というより〝音〟のしたほうを向く）

つむぎ （緊張）あの……自由曲を

生徒D 委員長、決めろよ。

つむぎ ううう。

生徒F 委員長が決めてくれたら、俺たち歌うからさ。

つむぎ ううううう。

生徒E （Fに）おまえ、歌わないじゃん。いつも口パクじゃん！ 口パクなのに音痴じゃん。

つむぎ あの……（まじめに話し合うように言いかけるが）

生徒E あ、俺、〝三代目〟歌いたい！（と言って「ランニングマン」。しかし、できていない）

生徒DE できてないじゃん！

教室、再び騒然となる。
担任の三田園先生が登場。

担任 静かにしなさい！ 帰れませんよ。学活終わらないと、帰れませんよ！

生徒A エッ、今日帰れないんですか？

担任 学活が終われば帰れます！

生徒A なーんだ。

生徒たち、安心してまた騒ぎ始める。

担任 織原さん、自由曲は決まった？

つむぎ それが……（といって生徒たちに目を向ける）

生徒たちの声がだんだん大きくなってくる。

担任 （つむぎの様子ですべてを察し）そう……ありがとう、席に戻っていいわ。

つむぎ ううう。（激しく落ち込みながら席に戻る）

担任 （騒がしい生徒たちに）静かにしなさい！

生徒たち、やっと静かになる。

担任 言ったでしょう？ 織原さん、今週いっぱいで転校するのよ。

生徒A〜F ……（「怒鳴られたから」静かにしている）

担任 自分は出られないのに、クラスのために一生懸命やってくれてるのよ。ちゃんと協力しなきゃダメじゃない！

生徒A あっ！

担任　何？
生徒A　委員長いなくなったら、誰が代わりやるんだろう。
生徒B　（Aに）やれば？
生徒A　何であたしなのよ。（Cに）やってみれば？
生徒C　無理無理。
生徒D　（Fに）おまえ、できるんじゃない？
生徒E　（Fに）小学校のとき、やってたじゃん。
生徒F　やってねえよ。「亀のえさ」係だったもん。
生徒D　なんだよ、「亀のえさ」係って！
生徒A　亀ってこわくない？
生徒F　えさにするミミズ捕まえるんだよ。
生徒B　蛇のほうがこわいよ！
生徒E　そうだ、思い出した、こいつミミズ捕るの超うまいの。
生徒A　ミミズ嫌い。
生徒C　寝耳にミミズ。
生徒全員　意味わかんない。
ひより　（立ち上がる）あの……（さらに大きな声で）あの！

生徒たち、何事かとひよりに注目する。

担任　日景さん、どうしたの？
ひより　あの……その……

突然のＢＧＭ。校内放送が流れ始める。

放送　「清掃の時間です。窓を開けて、教室の掃除をしましょう。足で雑巾がけをするのはやめましょう。」

清掃の時間のＢＧＭが流れ続ける。

ひより　……なんでもないです……（座る）
生徒A　先生、まだ終わんないんですか？

生徒たち、それぞれの思いで担任に注目する。

担任　仕方ないわ。続きはあした話しましょう。

つむぎとひより以外の生徒一斉に雑談。

担任　織原さん、号令をお願い。

つむぎ　はい……起立。……（さらに大きな声で）きりつ！
（＊生徒喋りながら立つ）気を付け。（＊生徒喋りながら気を付け）礼（＊生徒喋りながら礼）。

生徒たち、喋りながら教室を出ていく。

担任　ちょっと、掃除よ、掃除！（生徒たちを追いかける）

チャイム。

つむぎとひよりが教室に残る。
ひより、一度袖に行き、ほうきをもってくる。黙々と掃除をはじめる。
つむぎもそれにならう。黙って床を掃く二人。

2 放課後

昇降口付近　織原つむぎと日景ひよりが歩いている。

つむぎ　……日景さん。
ひより　あ。（頭を下げる）
つむぎ　さっきはありがとう。
ひより　え？
つむぎ　何か言おうとしてくれた。
ひより　あ……いえ……結局何もできなかったから……
つむぎ　そんなことないって。うれしかったよ。
ひより　（頭を下げて歩き出す）
つむぎ　（後を追って）こっちこそ、頼りない委員長でごめんね。
ひより　（立ち止まり、黙って首を横に振る）そんなこと……
つむぎ　どうしてまとまらないかね、あのクラス。悪い人たちじゃないんだけど……（気持ちが昂り一気に捲し立てる）運動会の全員リレーも移動教室のバスレクも悲惨だったたし。合唱コンも心配だよ。自由曲、決まらないし……よそはみんな決まってるのに（ひよりがじっと見ているのに気づく）あ、ごめんね。勝手に喋って……
ひより　（黙って首を横に振る。少しの沈黙ののち）……今日は帰るの？
つむぎ　ん？　うん。
ひより　部活、あるんじゃないの？
つむぎ　ああ。引っ越しの荷物整理があるから帰ってこいって、お母さんが……だから。
ひより　そうか……もう観られないんだね、織原さんの舞台。
つむぎ　え？
ひより　去年、文化祭の劇みて、すごいなって思ったの。織原さんの声。
つむぎ　まあ、声は……演劇部だから……
ひより　織原さんの声は……まっすぐ伝わってくるっていうか……あ、演技も上手だったよ、もちろん。
つむぎ　（ひよりが慌ててフォローするので可笑しくなってしまう）ありがと。
ひより　（初めて笑う）だから今年、同じクラスになって、嬉しかった。
つむぎ　あ、ありがとう……
ひより　（いつになく喋りすぎた自分に驚いている）じゃ、さよなら。（足早に立ち去る）
つむぎ　え？

上手から演劇部3年の瀧上先輩がやってくる。瀧上はつむぎに話しかけようとするが、黙って様子をみることに。

ひより　（いきなり立ち止まり、つむぎのところまで戻ってきて）織原さん。いつもありがとう。何にもできないけど……織原さんの声、私はちゃんと聞いてるから。
つむぎ　ううっ（ちょっと感動する）
ひより　あっ（瀧上に気づいて、走り去る）
つむぎ　え？（振り向いて瀧上に気づく）あっ。瀧上先輩。
瀧上　誰？
つむぎ　同じクラスの日景さんです。あんまり話したことなかったんですけど。
ひより　つむぎのファンだったんじゃないの？　うらやましいねえ。コクられた？
つむぎ　違いますって。……あれ、先輩部活は？
ひより　今日は塾だから。あれ、つむぎは……ああ、引っ越しの。
つむぎ　はい。
瀧上　じゃ、途中まで一緒に行こうか。
つむぎ　はい。
瀧上　つむぎの声がどうとか言ってたね、あの子。
つむぎ　はい。……はぁぁぁぁ……（と深いため息）
瀧上　おっ、そのため息は「悩み事もしくは愚痴をきいてほしいアピール」だな。しかたない聞いてやるか。で、どうした？

つむぎ　先輩、するどい……じつは……

　２年Ｃ組の生徒たちが三田園先生に追われて逃げてくる。

担任　待ちなさ〜〜〜〜〜い！　掃除はどうしたの！

生徒たち　うわぁぁぁぁぁぁ

担任　待てぇぇぇぇ〜っ！（と言って追う）

　２年Ｃ組が走り去る。

瀧上　なるほど。委員長も大変なんだ。

つむぎ　誰もなり手がいなくて、思わず立候補しちゃったんですけど……やっぱり私、委員長失格です。

瀧上　なんで？

つむぎ　指示一つ通らないんだから。……セリフが届かないんだから演劇部員も失格です。

瀧上　もったいないな。

つむぎ　え……

瀧上　あんたの声には、周りを劇の世界に引き込む力がある。去年の文化祭なんか、ほんと助けられたから。

つむぎ　うっ（感動する）

瀧上　それなのに「演劇部員失格」なんてもったいない。

つむぎ　ううっ（感動が深まる）

瀧上　あの日景さんって子だって、そう思ってるんだよ！

つむぎ　うううっ（感動がさらに深まる）

瀧上　今週でつむぎがいなくなっちゃうのは、さらにもったいない。

つむぎ　ううううっ（感動がこみ上げる）

瀧上　三年生最後の舞台、つむぎと一緒にやりたかったよ。

つむぎ　うううううううう（感極まる）

瀧上　あっ、泣く？

つむぎ　うううううう〜っ（首を横に振る）

瀧上　最後の日は顔出すんだよ、部活。

つむぎ　ううう。（首を縦に振る）

瀧上　あ、そうだ。キイチの奴、今日もお宅にお邪魔してると思う。

つむぎ　ううう、え？　あ、はい。

瀧上　カナエちゃんには感謝してるよ。いじめられっ子のヘタレなのに相手してくれて。
つむぎ　いえ、うちの妹こそガサツで……
瀧上　カナエちゃんが一緒なんだから、学校行けばいいのに……（弟を心配する気持ちがつい出てしまうが、すぐに気を取り直して）遅くならないうちに帰ってこいって伝えてね。
つむぎ　ハイ。
瀧上　じゃあね。
つむぎ　失礼します。
瀧上　つむぎ。
つむぎ　ハイ？
瀧上　転校まであと三日あるよ。クラスのこと、あきらめるな！
つむぎ　ううう（再び感極まる）

3　物置小屋

織原家。引っ越し準備の真っ最中。つむぎの妹カナエと友人の瀧上キイチが段ボールを持ち上げようとしている。

カナエ　いい？　持ち上げるよ。
キイチ　はい。
二人　せーの！
母　悪いわね、キイチくん、手伝ってもらっちゃって。
キイチ　大丈夫です。
母　うちのお父さんよりよっぽど頼りになるわ。
キイチ　どうも。
母　あの人、荷物整理があるってのに、今日も残業だなんて。
キイチ　はあ……
母　わざとよ、わざとに決まってるわ。そう思わない、カナエ。
カナエ　お母さん。……これ、持ち上げないといけないから。
母　あら、ごめんなさいね。じゃ、いくわよ。せーの！

底が抜けて箱の中身がぜんぶ出てしまう。

カナエ　あー、もう！　お母さんがへんなタイミングで掛け声かけるから。

母　わたしのせいじゃないわよ。
キイチ　底がぬけてますね。
カナエ　感心してないで、拾って！

カナエとキイチ、中身を拾う。

キイチ　あれ、これ……（拾い上げる）紙芝居だ……（「舞台（紙芝居の枠）」や拍子木もある。）すごい、本格的ですね……
カナエ　どれどれ、「ワンダーエース　最後の戦いの巻」だって。
キイチ　「ワンダーエース」！（目の色が変わる）
母　亡くなったおじいちゃんのかしら。キイチくん、知ってるの？　こんな古いのに。
キイチ　これは、たいへんな発見かもしれませんよ……
カナエ　エッ
母　まあ、……どうしましょう！（取り乱す）

つむぎがやってくる。着替えている。

つむぎ　お待たせ～、さあ、始めようか
母　たいへんよ、つむぎ。引っ越しの荷物の中からおじいちゃんが発見されたの。
つむぎ　ええっ！
カナエ　間違ってるよ、お母さん！　違うからね、お姉ちゃん。おじいちゃんの荷物からたいへんなものが発見されたの！
つむぎ　あーびっくりした。で、たいへんなものって？
キイチ　これです、これが出てきたんです。
つむぎ　「ワンダーエース　最後の戦い」……紙芝居？　何がたいへんな発見なのよ。
キイチ　「ワンダーエース」は終戦後、子どもたちを夢中にした人気紙芝居作品でした。しかし、テレビの普及により紙芝居ブームが下火になり、それとともに静かに姿を消しました。
母　「ブーム」なんて、いつもそんなものよ。エリマキトカゲとか、紅茶キノコとか。
つむぎ　キイチ君詳しいね、さすがヒーローオタク。
キイチ　その後、「鉄腕アトム」に対抗してアニメ版がテレビ放映されましたが……
カナエ　「アトム」、知ってる！
つむぎ　どうなったの？

キイチ　放映時間が「アトム」と重なったので視聴率が伸びず、番組は突然打ち切りになってしまいました。
つむぎ　ああ……負けちゃったんだ、ワンダーエース。
カナエ　相手が「アトム」じゃね〜。
母　十万馬力ですものね。
キイチ　だから、「ワンダーエース」は、紙芝居版にもアニメ版にも最終回はないはずなんです。
キイチ　だから、たいへんな発見なんですよ。伝説のヒーロー、ワンダーエース。その幻の最終回！
母　まあ、お宝だわ！
カナエ　どうしよう、お姉ちゃん。
つむぎ　落ち着くのよ、カナエ！
カナエ　そうだ！　お姉ちゃんが読んでよ、紙芝居。
つむぎ　突然何言ってるの。なんでわたしが！
カナエ　演劇部員でしょ！　チャンスと場所があれば芝居はできるって言ってたじゃん。
母　紙芝居だってお芝居には変わりないわ。
つむぎ　そんなむちゃくちゃな。
カナエ　キイチだって見たいよね、ワンダーエース。
キイチ　ハイ、どんな最終回なのか気になります。
つむぎ　いや、でも……
キイチ　皆さんとは今週でお別れなんですよ。（涙声）記念にお姉さんの紙芝居が見たいです。（泣く）
カナエ　ほら、キイチもこう言ってるんだから。よっ、待ってました！（拍手）
つむぎ　うううううう……あ。
カナエ　何？
つむぎ　ダメだよ、この紙芝居、途中で終わっちゃってる。
母　まあ、そうなの？
つむぎ　ワンダーエースが痛めつけられてるところまでしかない。
カナエ　何それ、ワンダーエース弱すぎ！
キイチ　いえ、主人公がピンチに陥るのはヒーローもののお約束です。このあと大逆転のチャンスが……。あっ。
母　今度は何？
キイチ　よく見たら、これ印刷じゃないです、手描きです。
つむぎ　手描き？
キイチ　絵具で直接描いています。きっと誰か熱烈なファンが趣味で作ったんですよ。

母　「誰か」って……じゃ、亡くなったおじいちゃんが作ったんだわ……そんなマニアックな人だったかしら……

キイチ　なんだか親しみがもてます。

母　ちょっと待って。ってことはこれはお宝では……

キイチ　ありませんね。

母　そう……あ、買い物に行かなくちゃ。あとはお願いね！（立ち去る）

カナエ　完全に興味を失ったのね。

つむぎ　わかりやすい母だわ。……て、ことで途中までしかないんだから無理ね。

キイチ　残念です。

カナエ　さ、早く片付けておやつ食べよ。キイチ、お疲れさま。バイバイ。

キイチ　え、もう帰んなきゃダメですか。

カナエ　今日はありがとうね。……明日、学校で！

キイチ　え……。

カナエ　来なよ、学校。

キイチ　まあ……がんばってみます……あれ、お姉さん？

つむぎ、紙芝居の支度を始めている。

つむぎ　なんか、むしょうに紙芝居が読みたくなってきた……

カナエ　そんなことあるの？

つむぎ　この紙芝居に、呼ばれているような……ううううう

カナエ　さすが。女優は言うことが違うわ

つむぎ　そんなんじゃなくて。（拍子木を鳴らす）いい？やるよ。

カナエ　お姉ちゃん？（ほんと、どうしたの？）

キイチ　これ終わるまで、いてもいいですよね？

つむぎ、拍子木を連打する。カナエ、キイチ、つむぎの様子を訝しがりつつ座る。

つむぎ　『ワンダーエース　最後の戦いの巻』はじまりはじまり――。

カナエ・キイチ　パチパチパチと拍手

つむぎ　「悪党グーデナグールの本拠地に乗り込んだワンダーエース！」

ワンダーエース登場。ここからつむぎのセリフに合わせて壇上でワンダーエースたちが動く。

つむぎ　「すると突然、背後から、グーデナグールの手下ブグとバグが襲い掛かる！　あぶない、ワンダーエース‼　しかし、次の瞬間、エースはひらりと身をかわし、手下二人をあっという間にやっつける！」

エース　『背中を狙うとは卑怯者め！』

ブグとバグ、「ちくしょう」「おぼえてろ」などと言いながら去る。

エース　出てこい、グーデナグール！きさまの悪事も今日限りだ！

グーデ　(呪文)ビンデナグールボーデナグールグーデナグール（声だけ）よく来たな小僧。誉めてやろう。だが、お前の命こそ今日限りだ。

エース　なんだと！

グーデ　ビンデナグールボーデナグールグーデナグール。

悪党グーデナグールが姿を現す。

グーデ　これでも私に逆らうのか？

つむぎ　「ブグとバグが連れてきたのはワンダーエースの友達・ルミ子でした。」

エース　ルミ子さん！　どうして毎回人質に……

ルミ子　エースさん、ごめんなさい。

グーデ　こいつを助けたければ、おとなしくその腕輪を外せ！

エース　何？

グーデ　それさえなければワンダーエースといえど赤ん坊も同然だ。さあ、外せ！

エース　…………。（躊躇している）

グーデ　こいつがどうなってもいいのか？

エース　仕方ない。（腕輪を外して放り投げる）さあ、約束通りルミ子さんを放せ。

グーデ　（腕輪を奪い去る）手下どももさっきの仕返しだ！

手下どもがワンダーエースを棍棒で殴りつける。その場に倒れこむエース。卑怯にもエースを二人がかりでさらに痛めつける手下ども。

ルミ子　エースさん！

グーデ　私がとどめを刺してやる！（銃を出す）覚悟しろワンダーエース！

つむぎ　「瀕死の重傷を負ったワンダーエースに悪の銃口が向けられる！　絶体絶命の大ピンチ！」

身を乗り出すカナエとキイチ。

つむぎ　するとその時！……すると……その時……すると……そのときぃ〜。

カナエ　何、何、どうなるの？

つむぎ　（悔しそうに）ここでおしまいです……。

雷鳴のような音と閃光。紙芝居の世界では、ルミ子以外のすべての動きが静止している。

ルミ子　せっかく動き出した物語の世界が、また止まってしまう！　そんなことはさせない！　（叫ぶ）絶対に許さないわ！

激しい稲光と雷鳴の中、ルミ子は紙芝居の世界から抜け出す。

ルミ子舞台中央で立ち止まり倒れる。

暗転

再び織原家の物置。「物語」の世界から現れたルミ子が俯せに倒れている。呆然とするつむぎ、カナエ、キイチ。

カナエ　お姉ちゃん……貞子だ……

ルミ子　（顔を上げる）ルミ子です！

つむぎ　ルミ子って……

ルミ子　ワンダーエースのヒロインのルミ子です

カナエ　自分でヒロインって言っちゃってる……

ルミ子　私たちの物語を動かしてくれたのは誰ですか？

つむぎ　何言ってるの、この人……

カナエ　物語を動かしたってお姉ちゃんのことだよ。

つむぎ　あ……紙芝居読んだのは私だけど……

ルミ子　あなたなのね！

つむぎ　ごめんなさい！

ルミ子　ありがとう！

つむぎ　どういたしまして！
ルミ子　あなたの声が、私たちの世界に命を吹き込んでくれたのよ！
つむぎ　私たちの世界？
ルミ子　物語の世界よ。
つむぎ　よくわかんないけど、お役に立てて光栄です……
ルミ子　それなのに……
つむぎ　え？
ルミ子　どうして途中でやめてしまったの？おかげでまた物語が途切れてしまったわ。
つむぎ　ごめんなさい。
ルミ子　お願い、物語を続けて。
つむぎ　残念だけど、つづけるのは無理！　だって、（紙芝居を見せる）ほら、ここまでしか残っていなかったの。
ルミ子　……そんなぁ……わたし、どうすればいいの！
（紙芝居を放り投げる）
つむぎ　ルミ子さん！　だめだよ乱暴に扱っちゃ。
カナエ　そうだよ、ルミ子さんの世界がこの中にあるんでしょ？
ルミ子　……ごめんなさい。ああ、私ったら何をしてるのかしら……
つむぎ　ルミ子さん、ちょっと落ち着こうよ。
キイチ、突然ルミ子に触る。
ルミ子　いやあああっ！（ひっぱたく）ハレンチだわ！
カナエ　キイチのバカ！　何やってんの。
キイチ　アタタカイ、ヤワラカイ、イタイ、……夢ジャナイ……ホンモノデス。
カナエ　ヘンな確認の仕方をするな！
キイチ　ゴメナサイ。
（短い暗転）
ルミ子　そう……つむぎさんとカナエさんはここを引っ越すの。
カナエ　お父さんの仕事の都合でね。
ルミ子　お父さんか……
つむぎ　ルミ子さん？（ルミ子が悲しい顔をしている）
ルミ子　あ、ごめんなさい。父のことを思い出したの。
つむぎ　ルミ子さんのお父さん、どうかしたの？

キイチ　ルミ子さんのお父さんは科学者でした。トキワ博士。ワンダーエースの生みの親です。

ルミ子　あなた、父のことを知っているの？

キイチ　主な作品の主要キャラはひととおり押さえているつもりです。

ルミ子　キャラ？

カナエ　こいつはね、物語の世界のことに詳しいんだよ。変な奴だけど頼りになるんだ。

キイチ　グーデナグールは世界征服のために、ルミ子さんのお父さんを利用しようとしたんです。

ルミ子　でも父は従いませんでした。科学者としての名誉を守ったんです。自分の命を犠牲にして……

キイチ　ルミ子さんはお父さんの敵を討つために、わざと毎回人質になっていたんですね。

カナエ　そうなの？

つむぎ　そんなの無茶すぎるよ！

ルミ子　最後のチャンスだと思ったのに……物語が止まってしまうなんて……

カナエ　かわいそう、ルミ子さん……

ルミ子　でも、わたしがいちばん許せないのは、ワンダーエースが、正義が、悪に屈したまま物語が止まってしまったことなんです。弱いもの達の味方が勝たなくてはいけないんです！

つむぎ　そうだね……うん、そうだ！

カナエ　何かいい方法はないの？　キイチ！

キイチ　物語の続きを作るしかないですね。

カナエ　そうだ！　続き、お姉ちゃんが考えたら？

つむぎ　私が？　無理無理。

ルミ子　つむぎさんが考えてくださるの？

つむぎ　紙芝居なんて作ったことないし……

ルミ子　芝居も紙芝居も一緒よ。

つむぎ　簡単に言うな、しかもあんたが！

カナエ　私たちも手伝うから！

キイチ　任せてくださいお姉さん！

ルミ子　つむぎさん（キラキラした目で見つめる）

つむぎ　うわ。「ヒロインの目」だ……そんな目で見られたら……わかったわよ！

ルミ子　つむぎさん、ありがとう！

つむぎ　うううううううう。

祖母がやってくる。

祖母　何を騒いでいるんだい？外まで声が聞こえたよ。
つむぎ　おばあちゃん！

紙芝居を見つける。

祖母　おや、この紙芝居。……おじいさんの形見じゃないか。どうしてここに……
つむぎ　やっぱり、おじいちゃんのだったんだ。

祖母、ルミ子に気付く。

祖母　おや？　あんた……
つむぎ　あのね、おばあちゃん。信じてもらえないと思うけど、この人は
祖母　知ってるよ。……コスプレの人だろ？「ワンダーエース」のルミ子さんによく似てるね。
カナエ　いや、おばあちゃん。この人、本人……
祖母　本人……なるほど、長生きしてみるもんだね。
ルミ子　驚かないんですか？
祖母　何が起きてもおかしくない時代だからね。それにしても、あんた紙芝居より美人だね。
ルミ子　まあ、お上手ですわ。
祖母　おじいさんの絵もなかなかのもんだったけど、絵より素敵だよ。そのペンダントも。
ルミ子　もう、おばあちゃんったら。
つむぎ　紙芝居の絵、おじいちゃんが描いたの？
祖母　そう。このお話しも絵も、死んだおじいさんが作ったのさ。おじいさん、ずっとしまってたんだね。とっくに捨てたかと思ってたんだが……
つむぎ　おばあちゃん、詳しく教えて。どうしておじいちゃんはこれを作ったの？どうして途中で終わってるの？
祖母　……あんたたち、あたしの部屋においで。そこで話そう。少し長くなるけどいいかい？

4　祖母の部屋

子どもたちとルミ子と祖母が座っている。背後に回想場面。夕焼けの中、紙芝居屋（若き日の祖父）が現れる。

祖母　今から、五十年以上も昔のことさ。

子どもたちが現れる。

祖母　この町の子どもたちはみんな紙芝居に夢中で、町には何人も紙芝居屋がいた。おじいさんは若かったけれど、「ワンダーエース」を演らせたら右に出る者はいなかったね。まるで紙芝居の絵が本当に喋って、本当に動き出すみたいだった。

子どもたちがワンダーエースに声援を送る。

祖母　毎回、ワンダーエースがピンチになる。すると、子どもたちが大声で応援するんだ。

子どもたち　立ち上がれ、ワンダーエース！負けるなワンダーエース！

祖母　子供たちの声で力を取り戻したワンダーエースが悪党グーデナグールをこてんぱんにやっつける。

子どもたち　ワンダーエース、バンザーイ！

祖母　ワンダーエースの物語を本当に動かしていたのは、あの、子どもたちの声なんだよ。

つむぎ　いいなぁ、みんなで一つになって大声出して。楽しそう……

祖母　でもね、世の中に、もっと楽しいものが出回り始めた。

キイチ　テレビですね！

祖母　そう。画面の中でホンモノが動くんだ。紙芝居が太刀打ちできる相手じゃないよ。紙芝居を観に来る子どもはどんどん減っていった。

子どもたちが一人また一人、紙芝居から離れていく。

祖母　ワンダーエースの紙芝居を作っていた会社もなくなってしまった。悩んだ挙句、あの人は紙芝居屋をあきらめたんだ。

若き日の祖父が残される。

祖母　何年かして、ワンダーエースがテレビ番組になった。よくできていたけれど、あたしたちにとっては紙芝居のワンダーエースがすべてだった。子どもたちの声援が聞こえないワンダーエースは、ワンダーエースじゃない。二度と見たいと思わなかったよ。しばらくして番組も打ち切りになってしまった。それを聞いたあの人が言ったんだ。

回想の祖父　あと一回だけ、紙芝居をやりたいんだ。題名は「ワンダーエース　最後の戦いの巻」。物語は自分で作る。ワンダーエースを、僕の手で最後まで戦わせてやろうと思ってね。

祖母　（笑う）面白そうですね。

回想の祖父　実はね、紙芝居、途中までできているんだ。

祖母　なんだ、もう始めてるんじゃないですか。

回想の祖父　ただ、この続きがねえ……（紙芝居を渡す）

祖母　「瀕死の重傷を負ったワンダーエースに悪の銃口が向けられる！　絶体絶命の大ピンチ！　するとその時！」……どうなるんですか？

回想の祖父　最後にワンダーエースを救うのは……一つしかないと思うんだが……うまくいくかどうか。

祖母　あなた……

回想の祖父、去る。

祖母　おじいさんが紙芝居の話をしたのはそれが最後だった。

つむぎ　じゃあ、紙芝居は

祖母　完成しなかった。おじいさんの頭の中には、ちゃんと物語はあったんだ。でも、それを言葉にする自信がなかったんだよ。大切なものを二度も諦めなきゃならなかった、おじいさんの気持ちを思うと、気の毒で何も言えなかったよ。

つむぎ　おじいちゃん、おばあちゃん、ルミ子さん……いろんな人の物語が、この紙芝居の中で止まったままになってるんだね。……もしかしたら私の物語も。

ルミ子　つむぎさんの物語……

つむぎ　おばあちゃん。この物語の続きを私に作らせて。

祖母　ワンダーエースを救えるのかい？

つむぎ　何がワンダーエースを救うのかはわかったよ。

ルミ子　つむぎさん！

カナエ　やった！（キイチの手をとって喜ぶ）

つむぎ　でも、私に救えるかどうかはわからない。

カナエ　どうして？

つむぎ　紙芝居を完成させるだけじゃ物語は動き出さないよ。声がなくちゃ……

5 瀧上家の子供部屋

キイチが姉（瀧上先輩）と並んで座っている。平台の中央に腰かけた状態。

姉　ふうん。で、そのルミ子さんって人は、まだつむぎンちにいるわけだ。
弟　……（うなずく）
姉　あんた、父さんと母さんにルミ子さんのこと言ってないよね。
弟　……（強くうなずく）
姉　絶対に言うなよ。紙芝居の中から女の子が出てきたなんて、我が子が言いだしたらさらに心配するから。
弟　……（強く二度うなずく）
姉　しゃべれよ！（キイチの頭をはたく）
弟　姉ちゃんは……信じてくれる？
姉　信じられるわけないじゃん。でも、あんたが嘘つきじゃないことはよくわかってる。だいたい、門限破りの言い訳ならもっとましな嘘つくでしょ。
弟　ありがとう……あ、僕が姉ちゃんに喋ったって、つむぎさんには……
姉　わかってるよ。明日、学校で会っても黙ってる。
弟　うん……
姉　で、できそうなの？　紙芝居。
弟　うん。あと一息。でも……
姉　でも？
弟　紙芝居の絵が……描けない。絵心のある人が……いない。
姉　絵のない紙芝居か……だめじゃん。（スマホを取り出す）
弟　姉ちゃん……
姉　あ、つむぎ？　お疲れ。ごめんね、キイチが迷惑かけて。……あのさ、去年の劇で作った背景画覚えてる？　そう、渋谷の交差点の絵。……でしょ？　私、あいうの結構得意なんだ。演技ではあんたに負けるけど、美的センスでは勝てる気がするんだ……って、そう思ったら、急に絵が描きたくなってね〜〜。この美的センスを生かせる場がどっかにないかなぁ。いや、弟からは何も聞いてないよ。別に紙芝居のことなんか。……つむぎ、力にならせてよ。……あ、泣く？（泣いているらしい）……じゃ、頑張ってね。
弟　姉ちゃん！　秘密だって言ったのに……怒られちゃ

うよ！

姉　へへへ、ごめんね。（傍らのぬいぐるみを取り上げ、腹話術の要領で弟に語り掛ける）『それよりキイチくん。……キミはどうするんだい？』

弟　え？

姉　『キイチくんの物語も、止まったままじゃないのかな？』

弟　僕は……別の物語を始めるよ。

姉　『そう。別にいいけど。カナエちゃんはキミの座っていない席を見ながら、お別れの挨拶をするんだね。心残りじゃないのかな……ま、それがキミの新しい物語だっていうなら、ボクはもう何も言わないけどね。』

弟　…………

姉　あれ？　それにしても……つむぎ、どこで誰に向けて読むつもりなんだろう、紙芝居。（ぬいぐるみに）ねえ？

拍子木の音。

6　2年C組の教室(2)

2年C組の教室。紙芝居の用意をしたつむぎ。

ざわめく生徒たち。呆然とする担任。

つむぎ　これから、お別れの挨拶の代わりに紙芝居を見てもらいます。

生徒B　え、意味わかんないんだけど。

生徒C　まだ帰れないの？

つむぎ、拍子木を鳴らす。生徒、黙る。

つむぎ　「ワンダーエース　最後の戦いの巻」っていうお話です。正義のために戦うヒーローの物語であり、一人の女の子の物語でもあります。私はこの物語を、この2年C組のみなさんに贈ることに決めました。

興味なさそうなC組の生徒たち。ひよりだけがつむぎを見守っている。

つむぎ　「ワンダーエース　最後の戦いの巻」はじまりはじまり〜〜〜っ。

ひより、ささやかに拍手を送る。

つむぎ　「悪党グーデナグールの本拠地に乗り込んだワンダーエース！　すると突然、背後からグーデナグールの手下ブグとバグが襲い掛かる！

短い暗転（時間の経過）

生徒たちが紙芝居に興味を示している。

ブグ　ちくしょう！（逃げる）

バグ　覚えていろ！（逃げる）

エース　出てこい、グーデナグール！　きさまの悪事も今日限りだ！

短い暗転（時間の経過）

グーデナグールがルミ子を人質にしている場面。

生徒たちは身を乗り出している。

エース　ルミ子さん！　どうして毎回人質に……

ルミ子　エースさん、ごめんなさい。

つむぎ　ルミ子さん、がんばってね！

ルミ子　ありがとう、つむぎさん！

短い暗転（時間の経過）

手下どもがワンダーエースを棍棒で殴りつける。その場に倒れこむエース。卑怯にもエースを二人がかりでさらに痛めつける手下ども。手に汗握って紙芝居を見つめる生徒たち。

ルミ子　エースさん！

グーデ　私がとどめを刺してやる！（銃を出す）覚悟しろワンダーエース！

つむぎ　「瀕死の重傷を負ったワンダーエースに悪の銃口が向けられる！　絶体絶命の大ピンチ！」

身を乗り出す生徒たち、そして先生も。

つむぎ　「するとその時！」

突然のＢＧＭ。校内放送が流れ始める。（マイク）

放送　「清掃の時間です。窓を開けて、教室の掃除をしましょう。足……（つむぎが放送を切る）

生徒たちの集中が途切れる

生徒D やべえ、部活に遅れる！
生徒C あたしも部活だ。
生徒B うわー今日外周だ〜。
つむぎ （生徒たちの様子に気づき、戸惑いながら）……するとそのとき、ワンダーエースの耳に子どもたちの声援が聞こえてくるではありませんか！　立ち上がれ、ワンダーエース。負けるなワンダーエース。その声はだんだんと広がっていくのでした。立ち上がれ、ワンダーエース。負けるな、ワンダーエース。

つむぎ、教室を見渡す。ぽかんとする生徒たち。

生徒B え？　うちらが言うの？　無理無理。
生徒A あんたが言いなよ。「タチアガレー」って。
生徒C やだよ、恥ずかしいもん。
つむぎ ワンダーエースをピンチから救うのは皆さんの声です。さあ、ワンダーエースに向かって
生徒D めんどくさいから先に進めろよ。時間ないからチャチャっと
つむぎ ダメです。それじゃ、物語は続かないんです。みんなの声がないと。
生徒E なんだよ、せっかく聞いてやってるのに。
生徒A ねえ、部活始まっちゃうんだけど。

騒然とする教室。
ルミ子はついに苦渋の決断を下す。

ルミ子 つむぎさん、もういいわ、物語を止めて。
つむぎ ルミ子さん……
ルミ子 そうすれば、グーデナグールの動きも止まるわ。

つむぎ、教室を見渡す。自分たちの都合ばかりを主張する生徒たちの姿。

つむぎ …………わかった。おじいちゃん、ルミ子さんごめんね。（紙芝居を閉じようとする）

物語の世界が止まりかけるが……

グーデ　ハハハハ、そんなことをしても無駄だ。
ルミ子　どうして？
グーデ　お前がこの物語を捨てるなら、俺様がもらってやる！　（銃口を教室に）お前らの物語と一緒にな！

教室が険悪な空気に支配される。

生徒A　（Cに）あんた言いなさいよ。「タチアガレ〜」って。（Bに）ねえ？
生徒B　エッ？
生徒A　ね？　そう思うでしょ？
生徒B　う……うん……。
生徒D　（Fに）お前言えよ。（Eに）なあ？
生徒E　エッ、ああ……そうだな……
生徒D　（Fに）ほら、声出せよ！
担任　みんな、どうしたの？　やめなさい。

強いものが弱いものを意のままにしようとする。周りが強いものに流されようとしている。

グーデ　ハハハ、誰も助けてくれないな。正義なんてあてにならないものだ。（ワンダーエースを痛めつけたあと、再び銃を向けて）くたばれ！

グーデナグールは高笑いしながらエースの額に銃口を押し付ける。

生徒A　ああ、つまんないの。（Bに）行こ！　ねえ！

AはBを、DはEを連れて行こうとする。

ひより　（勇気を出してAを引き止めようとする）あの……
生徒A　邪魔！（ひよりを押しのける）

ひより、よろめいて倒れる。

生徒D　（Eに）帰ろうぜ、おい！

担任の制止を振り切って、生徒たちが教室を出ていこうとする。その時……

ひより　（俯いたまま小さな声で）立ち上がれワンダーエース……

生徒たちの動きが止まる。

ひより　（しっかりと前を向き、大きな声で）負けるな、ワンダーエース！

つむぎ　日景さん……（生徒たちに向かって）一人の声では、まだグーデナグールには勝てません。みんなの声援が必要です！

つむぎとひよりが声を合わせて声援を送る。

つむぎとひより　立ち上がれ、ワンダーエース。負けるなワンダーエース！　立ち上がれ、ワンダーエース。負けるなワンダーエース！

生徒Eがを振り切る。

生徒E　ごめん。

生徒D　おい……

生徒E、声援に加わる。生徒BもAから離れ、声援に加わる。

生徒A　ちょっと！

担任も一緒に声援を送る。生徒CFも加わる。

グーデ　何！

つむぎ　（再び紙芝居を読み始める）傷だらけになったワンダーエースの身体に、子どもたちの声援が力を与えた！

ワンダーエースがよろよろと身を起こす。生徒AとDが取り残される。

生徒BCEFとひより、一斉にAとDの方を向く。「あなたたちはどうするの⁉」と問いかけるように。

生徒AとDは躊躇している。

ひよりたちは再び声援をおくり始まる。

声援　立ち上がれ、ワンダーエース！　負けるな、ワンダーエース！　立ち上がれ、ワンダーエース！　負けるな、ワンダーエース！

途中からDが、最後にAが声援に加わる。

声援　立ち上がれ、ワンダーエース！　負けるな、ワンダーエース！

つむぎ　そしてついに！　ワンダーエースが立ち上がる！

生徒全員　おお〜〜〜っ（拍手）

エース　てめえら、調子に乗りやがって！

生徒全員　ワンダーエースの口調が……

エース　ただじゃおかねえぞ！

生徒全員　変わった！

エース　うおおおおお〜〜〜っ。

つむぎ　よみがえったエースはルミ子を取り戻し、手下の二人をあっという間にやっつける。

ルミ子　ありがとう、エースさん！

エース　……今度はてめえの番だ、グーデナグール！

グーデ　ビンデナグール（瓶で殴ろうとするが、エースに瓶を奪われて殴られる）ボーデナグール（棒で殴ろうとするが、エースに棒を奪われて殴られる）グーデナグ〜〜〜〜〜〜〜〜〜（スローモーション）

エース　ワンダートルネードパ〜〜〜ンチ！

グーデ　うがああああああっ！

生徒全員　ワンダートルネードパンチ？　なんてダサい名前なんだ！

つむぎ　ワンダーエースの必殺技・「ワンダートルネードパンチ」がさく裂！　崩れ落ちるグーデナグール。

全員　やったあああああっ！（ハイタッチして歓喜する）

つむぎ　しかし！

エース、再び倒れこむ。グーデナグールがよろよろと起き上がる。

つむぎ　もはやワンダーエースの体力は限界だった！　すきをついて小型ジェット機に乗り込み脱出を図るグーデナグール。

グーデ　さらばだ諸君、また会おう。

エース　まて、グーデナグール。卑怯だぞ……（倒れる）

つむぎ　エースの叫びもむなしく小型ジェットはどんどん小さくなっていく。

生徒全員　お〜〜〜っ（落胆）
つむぎ　しかし、そのとき！
生徒全員　お〜〜〜っ？（希望）
つむぎ　ルミ子の耳に、グーデナグールに暗殺された、父トキワ博士の言葉が響いたのであった。
ひより　（トキワ博士が憑依する）ルミ子
生徒たち　ええっ！（なぜ日景さんが？）
ひより　お前のペンダントを外して思い切り投げつけなさい！
ルミ子　でも、これはお父様の形見……
ひより　その中には超小型ミサイルが仕込んである。グーデナグールに脅されて開発した武器だが、どうしても渡すことができなかった。それでペンダントに隠してお前に持たせたんだ。今まで黙っていてすまなかった。さあ、早く投げるんだ！
ルミ子　わかりました。……（ペンダントの鎖を引きちぎり）父の仇グーデナグール、覚悟！　やあああああああっ
（投げるポーズ）
つむぎ　ルミ子のペンダントは光の矢となり、遠ざかるジェット機めがけて飛んで行った！
生徒全員　おおおおおおっ（ペンダントの行方を目で追う）

沈黙

グーデ　なんじゃこりゃぁぁぁぁっ

爆発音

つむぎ　見事、ルミ子は父の仇をうつことができたのでありました！

ルミ子、倒れているエースに駆け寄る。

ルミ子　エースさん！
エース　よかったな、仇がうてて……（立ち上がろうとする）いててっ（立てない）
ルミ子　あなたの身体はこれまでの戦いで傷だらけです。グーデナグールがいなくなった今、その傷をゆっくりと癒してください。
エース　でも、この世に悪があるかぎり……
ルミ子　あなたに頼りっぱなしではいられません。自分たちの平和は、自分たちで守らなければならないんで

す。いつか、本当に助けが必要になったとき、また駆けつけてください。

エース　わかったよ……あとは頼んだぜ……

つむぎ　ルミ子の肩を借りて立ち上がるワンダーエース。真っ赤な夕焼けが二人を照らすのでありました。さようなら、ワンダーエース。ありがとう、ワンダーエース！「ワンダーエース　最後の戦いの巻」これにて一巻の終わりです。

拍子木の音。沈黙のあと、少しずつ拍手が広がっていく。

7 夕焼けの中(1)　つむぎとルミ子の別れ

舞台につむぎとルミ子だけ。

ルミ子　つむぎさん。

つむぎ　ルミ子さん。

ルミ子　あなたのおかげで物語の世界が命を取り戻したわ。それに（涙声）父の仇も討てました。つむぎさん、ありがとう。

つむぎ　私も……ルミ子さんに会えてよかった。

ルミ子　……じゃあ、戻るね。

つむぎ　ルミ子さん……会いたくなったら、また紙芝居やるよ。新しい学校で！

ルミ子、強く頷き、去る。つむぎ、ルミ子を笑顔で見送る。

8 夕焼けの中(2)　カナエとキイチの別れ

花束やプレゼントを抱えたカナエが歩いてくる。後から絆創膏だらけのキイチがついてくる。

カナエ　信じらんない。久々に登校した日に取っ組み合いの大ゲンカなんて。

キイチ　すいません……

カナエ　なんなの。「ジャックナイフ」とか呼ばれたいわけ？

キイチ　そういうわけじゃ……ただ、あの人たちにこれ以上バカにされたくなくて

カナエ　まあ、あいつらもホントは根性ないからね。た

ぶんもうやらないよ。
キイチ　明日、謝ります。
カナエ　明日……明日も行くんだね、学校。
キイチ　そのつもりです。
カナエ　そっか……見たかったな。あいつらと仲直りするとこ。私は明日、もういないけど。
キイチ　そうですね……あ、お姉さん、紙芝居うまくいったでしょうか。
カナエ　大丈夫だよ。だって、演劇部員だし。よく考えたら紙芝居屋の孫だし。
キイチ　そうですね。
カナエ　キイチ、よく来たね。学校。……最後に教室であえてよかったよ。
キイチ　はい。あの……
カナエ　キイチ。
キイチ　はい。
カナエ　先、帰って。
キイチ　え？　なんで
カナエ　なんでも。うちの人に迷惑かけてんだから、早く帰ってあげなよ。ほら。……ほら！
キイチ　（行こうとして振り返る）あ、カナ……（といいかけて）……織原さん、今までありがとうございました。
（きちんとお辞儀をして、立ち去る）
カナエ　……無理するなよ。じゃあね。（背中を見送りながら）さよなら、キイチ……（花束に顔をうずめる）

9　2年C組の教室(3)

チャイムの音。2年C組の生徒たちがグループごとに雑談しながら、現れる。
ひより　合唱コンの自由曲、「ワンダーエースのうた」でいいんですか。ちょっと聞いてください！　合唱コンの自由曲は「ワンダーエースのうた」でいいんですか！……あーもう。織原さんの苦労がわかるわ……

担任が現れる。

ひより　先生、聞いてください。みんな……

担任、魂の抜け殻のようになっている。

ひより　先生？　先生っ！

生徒たち、担任の異変に気付く。

担任　（誰かに言わされているような口調）みなさんにおしらせがありますきょうからこのくらすにてんこうせいがきますどうぞはいってください（言い終わると同時に倒れる）

ひより　先生！

生徒たち、慌てて駆け寄る。転校生がやってくる。異様な気配。

転校生　転校生の黒木こぶしといいます。今日からこのクラスで……みなさんを支配することになりました。目標は……世界征服です。今度は誰にも邪魔させませせん。ふっふっふっビンデナグールボーデナグールグーデナグール。ビンデナグールボーデナグールグーデナグール！

最初は凍り付いていた2年C組の生徒たち。互いの顔を見合わせ、力強くうなずく。立ち上がり、グーデナグールと対峙する。

生徒全員　そうはさせないぞ、グーデナグール！

グーデナグール、生徒たちの団結に一瞬たじろぐが、負けじと睨み返す。正義を守るための、新たな戦いが始まろうとしていた。

――幕――

上演のてびき

山﨑伊知郎

『ワンダーエース』は、毎年夏休みに演劇部で行う脚本作りの話し合いの中で一人の部員から出た、「紙芝居屋さんが出てくる劇」という案がきっかけになって生まれました。

私が幼い頃、紙芝居はすでに「昔懐かしいもの」になっていました。それでも、近所の公園で『黄金バット』か何かを観た記憶があります。印象に残っているのは、物語の内容よりも、合間合間での紙芝居屋のおじさんとやりとりが楽しかったということでした。あのときの記憶が、「みんなの声が物語を動かす」というこの劇のキーワードにつながったのだと思います。

紙芝居の登場人物が現実世界に現れるという荒唐無稽な話ですが、だからこそウソにならないように何度も書き直しました。なかなか大変な作業でしたが、部員たちもさまざまなアイデアを出してくれたので、『ワンダーエース』は楽しく書き進めることができました。

上演に向けての練習も、読み合わせの段階から笑いが絶えませんでした。脚本が完成しても、ほんとうに舞台に載せることができるのだろうかと不安だったのですが、顧問と部員で力を合わせて上演までたどり着くことができました。私たちがこの劇を作るうえで特に気を付けたことを思いつくままに書きます。

▼紙芝居の世界をどうやって表現するか

紙芝居の世界と日常が交錯する劇なので、二つの世界を明確に演じ分けないと観客を混乱させてしまいます。校内で上演した際は、合唱などで使う木製のひな壇を舞台後方に並べ、紙芝居の世界や回想などの非日常的な場面は、すべてこの上で演じました。大会でホールを使用する際は4尺×6尺（約120㎝×180㎝）の平台を並べ、高さを出しました。戦闘シーンがあるので安全面で問題がないか、会場の舞台スタッフの方とよく相談してください。

さらに、貫板で巨大な紙芝居の枠を作ってバトンに取り付け、戦闘シーンになると枠が降りてくるようにしました。学校の体育館では、この仕掛けは不可能だったので、中割幕を途中まで閉めて「紙芝居のエリア」を作りました。つむぎが読むほうの紙芝居は、段ボールで枠を作りました。紙芝居の絵は一枚一枚書く時間と労力を軽減するため、写真を撮ってパソコンで「絵っぽく」加工して作りました。

▼ヒーローたちの衣装をどうするか

ワンダーエースは昭和のヒーローです。エヴァンゲリオンや平成版仮面ライダーのようにスタイリッシュにしてしまうと雰囲気が出ません。部員には「月光仮面」「スーパージェッター」「光速エスパー」などの懐かしのＴＶヒーローの写真を見せて、衣装決めのヒント（合言葉は「適度にダサく」）にしました。部員はみな女子だったので、サラシで体形を変え、上はヒートテック、下はレギンスパンツを着用しました。全身タイツより抵抗が少なく、部員同士で貸し借りすればコストも抑えられるのでおすすめです。

反対にグーデナグールは思い切りカッコよくしてみました。映画『バットマン』のジョーカーみたいなメイクも考えたのですが、ラストシーンで転校生として再登場したときに笑いが起きそうだったのでやめました。

▼2年C組の変容をどのように表現するか

２年Ｃ組の生徒たちは、主人公つむぎの台詞にあるように、「悪い人たちじゃないけれどまとまらない」クラスです。終学活の場面でガチャガチャした雰囲気を出すため、生徒Ａ～Ｆには自分の台詞がない時も「ウソ！」「マジで？」「ありえない！」の三語をひたすら繰り返してもらいました。最初は戸惑っていたのですが、身振り手振りを交えてノリノリで演じてくれました。うるさ過ぎて聞かせたいセリフが埋もれてしまうことがあったので、場面によって声量を落としたり、サイレントにしたりする工夫が必要です。

能天気に遊んでいるように見えるＣ組の生徒たちが、劇の後半でグーデナグールに操られでもしたかのように、崩壊寸前の状態に陥ります。しかし、つむぎの友人ひよりの勇気ある一声によって心を動かされ、二年Ｃ組は一丸となって「負けるなワンダーエース」と声援を送ります。ここの場面が『ワンダーエース』最大の見せ場です。ここがバッチリ決まれば、ワンダーエース復活からラストシーンまで、一気に駆け抜けることができます。生徒Ａ～Ｆの人物について話し合い、「一人一人がどんな気持ちで声援に加わっていくか」「その気持ちをどんなふうに表現するか」を考えて演じてください。

『ワンダーエース』は、十年間勤務した前任校の最後の年に書いた脚本です。演劇部ではずっと「真剣に遊ぶ」ことを部員たちと続けてきました。この脚本も、部員たちとの真剣な遊びの中から生まれました。皆さんも、自分たちらしい遊び方で楽しみながら、この脚本に命を吹き込んでください。

【初演】 東京・江東区立深川第三中学校演劇部
●校内／２０１５年（平成27）10月24日、体育館「文化祭」
●大会／２０１５年（平成27）10月30日、江戸深川資料館小劇場「江東区中学校連合芸能会」
出演＝演劇部員女子19名（3年女子３名、２年女子10名、１年女子６名）

才能屋

柏木 陽　原案＝世田谷中学校演劇部

あり余る魔力をもつダメ王子が天界を追われ、地上におろされた。
魔法を使わずに好いことを三つすることが、天界に戻る条件。
さて、王子は戻ることができるのか？

上演＝東京・世田谷区立世田谷中学校演劇部　［写真＝田代 卓］

登場人物

侍従
主人
先生たち
客1
客2
男
母
客3
コーチ
背景
医者
通りすぎる人たち、踊る人たち
背景役、声役

1　はじまりはじまり

幕が開く前に雑踏の音がする。幕が開くと通りすぎる人々、一人の女の子が看板を立ててチラシを配りはじめる。

侍従　才能屋！　才能屋でーす！　あなたの才能開花しませんか?!　あなたの中に眠る才能を、有効活用しませんかー！　才能！　才能はいかがですか!!

通りすぎる人にチラシを渡そうとする。何人かに嫌がられたりする。
何人かに断られて肩を落とす。奥を覗くとだらだらとしている人がいる。ため息をつき、自分に奮起を促し、さらにチラシを配る。

侍従　才能はいりませんか?!　人もうらやむような素晴らしい才能はいりませんか！　決して怪しいものではありません！　あなたも才能の花を開かせてみませんか！　才能屋！　才能屋でーす！

通りすぎる人（できればみんなでやること）たち。冷たい目線で相手にしてくれない。一人受け取ってくれるが丸めて捨ててしまう。落胆する。すると……

主人　あいたっ！

大きな声がするので見てみると奥の人は倒れている。何かいたずらしていて失敗したようだ。（手の上でバットを立てるとか、鼻の上でボールを載せるとか何か見えるようなことがいいです）

侍従　もう！　ちゃんとビラ配ってください！
主人　えーーーー。
侍従　えーーーー、じゃないですよ！
主人　なんで私がこんなことしなきゃいけないわけ？
侍従　あなたのせいでしょ、あなたがもっとまじめに勉強してればこんなことにはならなかったんです！
主人　でもさ、ひどくない？　あんな事で追放だなんて！

ほわっほわっほわわわわ～んと先生たちが出てくる。

（口々に言いながら出てきてもいいかもしれない。）みなひどい様子（例えば腕に包帯をしてるとか、松葉杖をついてるとか、髪が爆発してるとか）。

先生　学校が！　なくなったー!!

主人　あちゃー（こそこそと逃げようとすると……）

先生　こら！　またお前か！

主人　だって……

先生　だってじゃないでしょ！　魔法の制御ができないくせに大きな魔法を試そうとするからよ！

先生　いったい何度目ですか！

主人　ちょっと手元が狂っただけです。

先生　手元が狂ったぐらいで学校がなくなるぐらいの爆発を起こす奴がどこにいる！

先生　基礎の基礎が出来てないから魔法の使い方を間違えるのですよ。

主人　もう少しで成功するところだったんです！

先生　おだまんなさい！

先生　一体どれだけのことをしてきましたか？　学校中のガラスは割る、校長先生の毛は抜く、食べ切れないほどのピザを注文する、嵐は起こす……

主人　（耳をふさいで聞こえないように大声で）ああああ。

先生　ちゃんと聞きなさい！

先生　だいたいお前というものがついておりながら何というザマですか！

侍従　お言葉ですが坊ちゃんはあり余る力の使い道を間違っているだけでして……

先生　それが問題なんです！

先生　教育係がサボっているからこんなことになるのです。

侍従　すいません……

先生　そこで今までのことも合わせて処分を下すことにしました。

先生　この子を天界追放とします！

主人　追放?!

侍従　それはあまりにも厳しすぎます！

先生　学校をなくしておいて何を言ってるんですか！

侍従　何とか坊ちゃんを救っていただくわけにはいきませんか？

先生　条件があります。
先生　（主人に）あなたは魔法の力に自信があるのですね？
侍従　はい！　他のものと比べてもこんなに大きな力はありません！
先生　（せきばらい）ううんっ！
主人　（くねくねしながら）ほめるなよ〜。
先生　なので、こんなことを考えました。
先生　地上へ降りて良いことを三つしてきなさい。
主人　そんなことでいいのか！
先生　できますか？
主人　楽勝、楽勝。
侍従　ぼっちゃん！
先生　ずいぶん生意気な口をきくのですね。
主人　魔法を使えばチョチョイのちょいですよ。
先生　ではこれぐらい簡単だと？
主人　はい。
侍従　ぼっちゃん！

先生たち笑う。

先生　ではもっと難しくても大丈夫ですね？
主人　もちろん！
先生　ではあなたが使える力をひとつだけにします。
侍従　え？
先生　地上にいる人の力を目覚めさせる能力。
先生　才能を発芽させる力だけを残します。
主人　わかった！　まかしといて！
侍従　申し上げます。それはいささか難しすぎる課題では？
主人　え？　どういうこと？
侍従　分からないのですか？　使えるのは人の力を目覚めさせる力だけになってしまうんです！
主人　わかってるよ。
侍従　わかってない！　良い事三つするためには人間の力を借りなくちゃいけなくなるんですよ？　自分の力で何とかできるわけじゃなくて他人、それも地上の人間が頼りだってことです。
主人　それじゃわたし活躍できないじゃん！
先生　見事に三つの良いことをしていらっしゃい！
先生たち　おーほほほほほほほほほ！

ほわっほわっほわわわわ～んと先生たちいなくなる。

主人　こんなことになるなんて思わなかったんだもん！

侍従　何でも魔法の力で叶えることができていたのに……

主人　エイッ！

侍従　今や欲しいお菓子すら出てこない。

主人　ちくしょー！　ケーキ！　ポテチ！　おせんべい！……出ない。

侍従　おいたわしい。（よよと泣く）

主人　コーラ！　オレンジジュース！　おまんじゅう！
　出ろ！　出ろ！　出ろ！

侍従　元に戻るには天界に戻るしかないんです。そのためには良いことを三つ叶えればいいのです！

主人　でもさ！　私の力じゃ何にもできないじゃん！　力があれば地面をひっくり返すことだって、海を持ち上げることだって、星を落とすことだってできるんだ！　それなのにできることは才能を目覚めさせるだけ……ぐー（お腹がなる）……お腹へった。

侍従　ほら、あきらめないでビラを配りましょう。そうしたら人に良い事できるかもしれないじゃないですか。

２　一人目の客

落ちているビラを拾う人がいる。それを読む。

客１　あの！

と客１歩き出した途端、何もないところですっ転ぶ。

侍従　だ、大丈夫ですか！

客１　大丈夫です。お気になさらず。それよりも聞きたいことが。

侍従　え？　もしかしてお客様？

客１　え？　ま、まあ。でもそれは話を聞いてからと思ってまして……

侍従　ええ、それはもう話を聞いてください。さ、こちらにお座りください。

と座らせようとする。客１どこかに座ろうとして派手に転ぶ。

侍従　大丈夫ですか！
客1　大丈夫です。（言ったと思うとまた転ぶ）
侍従　本当に大丈夫ですか？
客1　本当に大丈夫です。慣れてますから。
侍従　慣れてる？
客1　私！　不幸なんです！

舞台の一番良いところで倒れる。できればスポットライト。悲劇的な曲（チゴイネルワイゼン）でも流れると最高かも。

客1　（何かにとり憑かれたように一気にしゃべる）道を歩けば転んでしまう、鳥が飛べばフンが落ちてくる、落ちているバナナに足を滑らす、お金を落とす、穴に落ちる、壁にぶつかる、先生に怒られる、歩いているだけで車が突っ込んでくる、試験を受けると答えを書くところを間違える、ビデオの予約をしても撮れたことがない、シュークリームを食べると私のだけにワサビが入っている！
侍従　落ち着いて！　落ち着いて！
客1　私には世界中の不幸が襲ってくるんです！
侍従　それは、大変でしょうね。
客1　だから、幸運に恵まれる才能が欲しいんです！
侍従　幸運に恵まれる才能……
主人　そんなものあるわけ……
侍従　おほん！　必要なのは諦めない心です！
客1　なんとか、なりますか?!

客1侍従の手を握り、必死にお願いする。

侍従　なります！　もちろんです！
客1　ありがとうございます。ではよろしくお願いいたします。
侍従　あの、何とかするのは私ではなくてこちらの……

振り返ると主人はやる気なく、でれっとしている。

侍従　うわっと！（前を向かせて）ちょっとこちらへ。ここで待っててください。（と耳をふさぐ）

大急ぎで主人のところに行き……

侍従　なにしてるんですか‼
主人　何が？
侍従　何が？　じゃないでしょ！　お客さんです！
　お！きゃ！く‼
主人　それが？
侍従　真面目にやってください！　永遠に帰らないつもりですか？
主人　だってさあ……
侍従　じゃあ、ご飯はぬき。
主人　やるよ！　やればいいんだろ？
侍従　おほん、おまたせしました。当店の主人でございます。
客1　お願いします！　あなたのお力で何とか私の不幸を終わらせてください！
主人　私が何かしてもあの人の不幸は終わらないと思うんだけど……
侍従　（せきばらい）んっ！
主人　分かったよ！（客のほうに向き直り）ではあなたの不幸を終わらせます！
客1　お願いします！

主人懐からピストルのようなものを出す。

客1　わっ！　わっ！　なにするんですか?!
主人　不幸を終わらせるのです！
客1　そういう意味で言ったんじゃありません！
主人　大丈夫すぐに終わります。
客1　嫌です！　これじゃ不幸が終わるんじゃなくて、私の人生が終わってしまう！
主人　楽になりなさい！

侍従が後ろから羽交い絞めにして捕まえる。

客1　や、やめてー‼
主人　バキューン（と口で言う）
客1　うぎゃー！

ばったりと客1は倒れる。侍従が頭のあたりを確認する。親指を突き出し、グッドのサイン。主人は頷く。二人でポーズを取る。

主人　♪ワン、トゥ、ワン、トゥ、スリー（ここはその

後にくる音楽に合わせて拍子をとってください）

音楽が鳴る。アラブ音楽のような聞いたこともない音楽（私たちは「ハバナギラ」という曲を使いました）。音楽に合わせて、主人と侍従は怪しい踊りを真剣に踊る。すると客1がむくりと起き上がり踊りに加わる。別の人まで出てきて踊りは盛り上がる。最高潮になると客1の頭から花が咲く。すると周辺から声が聞こえる。

声　才能が開花しました！
声　ばんざーい！　ばんざーい！　ばんざーい！
侍従　やった！
客1　私何が起こったんですか？
侍従　才能が花開いたんですよ！
客1　え？　何も変わっている感じはしないんですが
……
主人　さあ歩いてみて！

客1歩いてみる。そこへ侍従がバナナを転がす（ビニール製のものでいいですよ）。

客1　ハッ！（ひらりと飛んで避ける）す、滑らない！　ハッ！（と頭上に気が付きひらりとかわす）フンが落ちない！　こ、これが?!
侍従　あなたの才能です。
客1　あ、ありがとう、ありがとうございます。これで安心して生きていける！　人生は薔薇色だ!!

客1踊るように去っていく。

侍従　やりましたね。
主人　まあね。でも嘘ついたみたいで何か嫌だな。
侍従　何を言ってるんですか、才能のおかげで幸運になってあんなに喜んでたじゃないですか。
主人　花開かせたのは注意深くなる才能だよ。ちょっと気をつけていれば避けられるのに不注意だから大きなことになっちゃうだけじゃないか。
侍従　それはそうですけど。
主人　それなのに今まで無傷でいられたなんて、もう幸運に恵まれてる。あの人には元々才能があるんだよ。
侍従　それは……
主人　あーあ。何やってるんだろ。

侍従　坊ちゃん……

3　二人目の客

音楽が鳴る（私たちは「マテリアルガール」という曲を使いました）。踊りながら出てくる客2。たくさんの人が出てきて歌い踊りまくる。

客2　ここかしら？　才能屋って言うのは。
侍従　はい。たしかに才能屋はここですが……
客2　才能屋って言うからには才能を目覚めさせることができるのね？
侍従　はい、もちろん。
客2　どんな才能も？
侍従　ええ、どんな才能でも見事に花開かせて見せます。
客2　そう……
侍従　どのようなご用件で？
客2　あのね……（ちょっと耳打ちするように）
侍従　はい……（ちょっと身構える）
客2　実はね……（さらに耳打ちするように）
侍従　はい……（さらに身構える）
客2　（何か言おうとするが、話の方向を変えて）こんなところでやってるの？
侍従　ええ、今は路上でして。これで困ることもありませんから。
客2　そう……
侍従　で？　ご用件は？
客2　そうね、それは……
侍従　それは……
客2　あの……
侍従　はい……
客2　あの……
侍従　はい……
客2　……（何か言おうとしているのだが言えないようで息が止まる）
侍従　（一緒に息を止めているので苦しい）……（二人して息が苦しくて身もだえする）
客2　（やっと息をして）あの！
侍従　なんでしょう？
客2　……なんでもないわ。
侍従　しかし、お見受けしたところ何か大きなお悩みをお持ちのようですが？

客2キッと振り返り侍従を見る。侍従も見返すが客2は何も言えない。

客2 何かの、何かの間違いだったのよ！

走り去る客2。

主人 え？ 帰っちゃうよ?!

侍従 追いかけて！

主人 ボク？

侍従 早く！

主人 じゃあ一緒に。

侍従 何言ってるんですか！ お店はどうするんですか？ 私は店番してます！ ほら！ 早くしないと見失いますよ！

主人 ああ……

主人押し出されるように歩き始めると、その場足踏み。街が流れていく。背景役の人たちが背景を持ち（例えばダンボールに絵が描かれていたり、木のおもちゃを持っていたり）通りすぎながらグルグルと回る。

主人 ボクが追いかけても何にもならないと思うんだけど……第一あの人の依頼ちゃんと聞いてなかったし。どうしよう。

目の前に客2の姿が現れる。客2が止まると主人と背景も止まる。振り返る客2。隠れる主人。歩き出す客2。背景が動き出す。遅れそうになりあわてる主人。また立ち止まる客2。あわてて立ち止まる主人。首をひねる客2。

主人 （背景に）気づかれたかな？ どう思う？

背景に聞くと背景も首をひねる。客2歩き始める。と、突然あわてて身を隠す客2。一人の人物が通りかかる。その人から身を隠すようにする客2。その人が行ってしまうとため息をつく。主人後ろから近づいて。

主人 あの……

客2　わっ！　い、いつからいたの？
主人　あの人は知り合いですか？
客2　なんのことかしら？
主人　あの男の人のことですよ！
客2　へー男の人なんていた？
主人　知らない人なの？
客2　ええ……
主人　(疑いの目で)本当に？
客2　何よ。
主人　じゃあなんで陰に隠れてコソコソ見てたんですか？
客2　なんでって……ふられたの……
主人　え？
客2　ふられたのよ！
主人　雨に？
客2　違う！　ふられたの！
主人　雪？
客2　ふられたって言ってるでしょ！
主人　あ、野球で三振したのか！
客2　それは振ったの！　私はふられたって言ってんでしょバカ‼
主人　だってボクこどもだから分からないもーん！
客2　好きなのよ、一目見た時から。毎日毎日同じ電車に乗って彼を見ていた。毎日毎日考えちゃう。だから思い切って告白することにしたの。そうしたら……

ほわほわほわわわ〜んと彼との思い出の場面。駅の音(発車のチャイムとか、ざわめきとか)背景や主人が手伝って駅の場面にする。背景は乗っているお客さんとか、主人は駅員さんとか。男が電車に乗ろうと並んでいる。後ろから客2が近づく。彼は気づいていない。

客2　(勇気を出して話しかけようとする)あ、あの……私……
主人　プルプルプル！　3番線から電車が出ます。駆け込み乗車はおやめ下さい！
男　や、やばい！　乗ります！

男一人で満員電車に乗り込む。電車は行ってしまう。

客2　彼は行ってしまった！　振り返ってもくれなかっ

た！　彼にふられたのよ！　だから、才能屋に行ったの！　なのに、才能をくれないなんて！

主人　すいません。

客2　私がもっときれいで魅力的だったらあの人は振り向いてくれたのに！

主人　ふーん。ねえ、あの人の家だけど覗いてみる？

客2　え？

主人　ほらほらこっちこっち。

主人と客2が脇へ行くと、客2が追いかけていた男の人の事情が見える。

背景が裏返ると、男が出てくる。どうやら男の部屋らしい。

男　ただいまー。

母　おかえり。

男　おれ、やっぱり働くことにしたよ。

母　いいのよ学費ぐらいどうにかなるから。

男　でも、倒産したんでしょ父さんの会社。

母　それぐらいお母さんが働くから。

男　でも……

母　お母さんあなたに夢をあきらめて欲しくないのよ。ね。

男　でもがんばりすぎたら母さんまた倒れちゃうだろ。

母　……ごめんね。

男　いいのいいの。働きながらでも夢は追いかけられるし。

母　そう？　でも母さん心配だわ。

男　いいのいいのそんなの。それよりおれお腹空いたな。

母　じゃあ、支度しましょうね。

と言いながら二人は見えなくなる。（背景に隠れるわけですね）

主人　だって。

客2　（客2はよろよろと前に出てくる。）知らなかった。どうしてどうして私に教えてくれないの！　私なんだってするのに！　あなたが待ってろって言うならいつまでも待ってるのに！　いえ！　それじゃダメよ！　あなたが背負う苦労なら私も一緒に背負うわ！　私も働く！　一緒に働いて家計を支えるわ！　苦しい時こそ手をたずさえて、一緒に生きていきましょうよ！

主人　それあの人に言える？

客2　もちろんよ！

主人　あ、来た！

奥の背景が裏返って男が出てくる。

男　お腹いっぱい、行ってきます。あれ？　君は？　誰？

客2　あの……あの……

男　どうしたの？　道にでも迷ったの？

客2　その……あの……

主人　じれったいなあ、もう……バキューン！

と客2を背後から撃つ。客2は倒れてしまう。

男　大丈夫？　ちょっと大丈夫？

さっきの儀式の音楽。芽が出る儀式の踊りを踊る。（少し短くてもいいかもしれません）頭から芽が出る。花が開く。

声　才能が開花しました！

声　ばんざーい！　ばんざーい！　ばんざーい！

（さっきのところもそうですが、ここはみんなで声出してました）

男　こんなに僕の事を思ってくれる人がいたなんて。

客2　私の気持ちが通じたのね！　うれしい！

母　これであの子も安心ね。

結婚ぽい曲（例えばバタフライとかね）がかかる。二人笑い合いながら去っていく。母も去っていく。

侍従　ぼっちゃんやりましたね、一体何をしたんですか？

主人　あの人はちゃんと言葉を伝えてなかったんだ。だから素直にモノを言える才能を開かせたんだよ。

侍従　なるほど！　さすがですねえ！

主人　あれ？　店番は？

侍従あわてて走り去る。主人手に持っている拳銃を見つめる。

主人　こんなもので何が変わるって言うんだ。ボクは魔法の力を失くしたんだぞ。こんなちっぽけな力で何が変わるのさ……はあ、才能か。才能って何なんだ。バキューン（と適当な方を向いて言う）

4　最後の客

見えないところで、声が聞こえてくる。

「ばんざーい！　ばんざーい！　才能が開きました!!」

すると叫び声が聞こえる。

客3　あああああああああああ！

頭に花が咲いた客3が現れる。

客3　な、なんだこりゃー!!

主人　え？　あ！　その花は！

客3　え？　これのことを知ってるんですか？　これなんですか？

主人　えっと、あの、ようこそ才能屋です！

客3　才能屋？

主人　はい！　あなたの才能の花を開かせます！

客3　なんだよそれー！　才能の花が開く？

主人　そうなんです。どんな才能でも自由自在、というわけでもないですけど、たいがいの才能の花は開きます。

客3　花？……え？　これ？

主人　はい！

客3　ええええ！

主人　いや、まあ、今回は不可抗力と言うか、運命のいたずらと言うか、超ぐうぜんにあなたの才能が花ひらいてしまいましたが。

客3　才能？

主人　はい！　いいでしょ？

客3　なんだよ才能なんて！

コーチ　ここにいたのか！　探したぞ！

客3　げ！　コーチ?!

コーチ　お前は日本が、いや世界が待っている才能なんだ！　さあ！　一緒に練習だ！

逃げようとする客3。

コーチ　あ！　お前どこに行くんだ！

客3ものすごい勢いで走って逃げる。コーチ後を追う。すると背景たちが現れる。

コーチ　待て！

主人　ちょっとどこ行くの！

追いかけっこ。もちろん後ろの背景も動いていく。しかし、早い！　早く動くので背景は疲れてくる。やがて背景は動きを止める。すると客3は走り去る。コーチも後を追っていく。

主人　はあ、はあ、あの人早いよ。

背景　あの人は確かサッカーで日本代表にも選ばれた人だと思うよ。

主人　え？　なでしこ？

背景　そうそう。サッカー女子日本代表の十五歳以下で選ばれたんじゃないかな？

背景　将来のなでしこを背負って立つ逸材って新聞にも書いてあった。

主人　え？　すごい人じゃん！

背景　そうみたいよ。

客3　（物陰から見えないように）おい、才能屋！

主人　（キョロキョロと探して）あ！　なでしこ！

客3　（ため息をつく）はあ……お前にもバレたのか。

主人　かっこいいよね、サッカーうまいなんて。

客3　消してくれ。

主人　え？

客3　才能を消してくれ！

主人　ちょっとどういうこと？　あ、さっき開いた花のこと？　ごめんなさい、あれはいきがかりっていうか。

客3　勝手に才能を花開かすことができるなら、逆もできるだろ？　私の才能を消してくれ。

主人　え？　いらないの？

客3　う、うん。

主人　それは確かに偶然に開いた花だけど……

客3　できないの？

主人　もったいないなって。
客3　もったいないか……

客3近くにあった石を持ち上げて足にぶつけようとする。

主人　何するの！
客3　こうでもしなきゃサッカーやめられないだろ！
主人　何もサッカーやめなくてもいいでしょ！
客3　自分の才能が消せないならサッカーやめられるようにするだけだ！
主人　なでしこなんでしょ？　期待されてるんでしょ？
客3　それがなんだ！

客3と主人が揉みあう。石を主人が奪う。そこへ友達がやってくる。まるで主人が客3を襲っているように見える。そこへコーチがやってくる。

コーチ　何をやってるんだ！
主人　あ！
客3　コーチ。
コーチ　こら離しなさい！
主人　ええ？　ボク？

コーチが主人を客3から引き離す。

コーチ　（主人に）黄金の右足に何かあったらどうするつもりだったんだ！
主人　あのですね……
コーチ　（客3に）大丈夫だったか？
主人　ボクの話聞いて！
客3　コーチ、わたしサッカーやめます。
コーチ　そうかそうか……
客3　お世話になりました。
コーチ　なにー!?

客3走って行ってしまう。コーチ追いかけようとするが主人が間に入って邪魔する。

コーチ　邪魔だからどきなさい！　どけ！
主人　どかないよ！　べー！
コーチ　あ、ああ……行ってしまう……ああ。

コーチへたりこんでしまう。

コーチ　あいつが本気で取り組めば世界を変えられるぐらいの才能なのに。

主人　あの人そんなにすごいの？

コーチ　すごいなんてもんじゃない！　あいつのプレーは次元が違うんだ。それなのに最近のあいつは練習はサボる、嘘はつく、道具は大事にしない、規律は守らない、はては人の顔にいたずら書きはするは、ロッカールームに爆竹はしかけるは……

主人　あれ？　どこかの誰かとおんなじような……

コーチ　今が大事な時期なのに。

主人　でもさ、無理にやらせようとしたってダメだよ。

コーチ　わかっているさ。……あいつはそれは楽しそうにプレーするんだ。だから人をひきつける。ただうまいとか、ただ強いなんて選手はざらにいる。あいつよりうまい選手だっている。でも見ている人をひきつける選手はそうはいない。毎日毎日本当にそれは楽しそうに練習してたっていうのに、辞めるなんて、あいつが言うなんて。

主人　（軽く）大変だね。

コーチ　はあ……

ほわほわほわわわ〜んと先生たち登場。

先生　あの様子ではちっともこりてないのではないですか？

先生　本当ですねえ。なんで自分が人間界に送られたのかまったくわかっていない。

侍従　恐れながら申し上げます。

先生　なんだ？

侍従　ぼっちゃんは以前よりもはるかに成長され……

先生　どのあたりが？

侍従　見てわかりませんか？　ぼっちゃんは他の人の気持ちに気づけるようになりました。他人の意見にも耳を傾けますし。

先生　気づいてない気づいてない。

侍従　そんなことはありません。ほらご覧ください。

先生　どれどれ？

ほわほわほわわわ〜んと先生たち続きのやり取りを見

守る。

コーチ　才能屋？
主人　はい。才能の花を開かせるんです。
コーチ　そんなうさんくさい……
主人　うさんくさいとはなんだよ。
コーチ　才能っていうのね、たえまない努力の果てにあるもので、簡単にものになったりしないんだよ。
主人　だって……
コーチ　そんな風に簡単に花開いたら努力なんていらないでしょ？
主人　でも、みんな喜んでたよ！
コーチ　少なくとも私はそんな才能はいらないな。さてあいつを探すとするか。

コーチ行ってしまう。

主人　なんだよ！　才能屋のどこがいけないんだよ！　ボクだって魔法が使えたらもっとチョチョイのちょいと良い事三つやって天界に帰るんだ！　お前たちの望みを叶えてやってるだろ！　どこがいけないんだよ！
先生　ほら。
侍従　うっ……
先生　まだ成長が見られませんね。
先生　これでは天界に帰ってくるのは……
侍従　それでは話が違う。人間に良いことを三つ行ったら天界に帰れるはずですよね？
先生　それはそうなんだがね。お前はあの子の成長をどう考えているのかね？
先生　あの子の力の大きさはいずれ天界をまとめていけるだけの力だ。その子がわがまま放題のままで良いとでも？
侍従　約束は守っていただかねば、大人に対する不信感を植えつけるだけになってしまいます。
先生　それはそうなんだが……
侍従　私がきっと何とかしてみせます。ですので、しばし見守っていていただきたい。

侍従「とう！」と天界から降りる。

先生　それでは頼みましたよ～

とか何とか言いながら、ほわほわほわわわ〜んと先生退場。

侍従　ぼっちゃん！

主人　お前か。店は良いのか？

侍従　お帰りが遅いので、これはきっと大変なことになっているんじゃないかと思いまして、ぼっちゃんをお手伝いしようと駆けつけました。

主人　そんなことにはなっていないよ。

侍従　え？　本当に？

主人　うん。お客は一人もいない。

侍従　しかしですね。

主人　ねえ、才能って何だと思う？

侍従　え？　そうですねえ、他の人には負けない何かですかね。

主人　他の人には負けない何か。

侍従　どうか、しましたか？

主人　人に自慢したいような才能をいらないって人もいるんだ。人って分からないな。

侍従　いろいろな人がいますからね。さあ、早く天界に帰りましょう！　そのためにお手伝いしますから！

客3とコーチがやってくる。

コーチ　待てー!!

客3　うわっ！　才能屋！

コーチ　追い詰めたぞ。

客3　もういい加減にしてください！

コーチ　ほら！　ボールだ！　お前はボールを見たらうずいてしまうんだ！　サッカーの虫のお前が我慢できるわけがない！

コーチの言葉にうずく客3。何となくボールを目で追ってしまう。

コーチ　お前はサッカーの申し子だ。サッカーをしてないお前は考えられない。死んだも一緒だ。生き生きともう一度ボールを蹴ろう！　さあ！　蹴っていいんだぞ！　ほーら……

とボールを投げる。客3ボールに反応できない。ボールは体にあたって転々と転がる。

コーチ お前……
客3 私もうダメなんです。
コーチ 一体何があったんだ？
客3 もういいんです。コーチさっき言ったじゃないですか？ サッカーやってない私は死んだも一緒だって。
侍従 言ったんですか？
コーチ い、言ったけども。
主人 ひどーい。
客3 だからもういいんです。
コーチ もういいって？ どういうことだ？
客3 もう、サッカーできないです。
コーチ 怪我でもしたのか？
客3 （首を振る）
コーチ だから一体何なんだ？
客3 見えないんです。
コーチ え？
客3 だから見えないんです。ものがにじんでよく見えないんです。
コーチ それは、お前……え？ 近眼？
客3 そうですよ！
コーチ 医者に行きなさい！
客3 行きました！ そうしたら……

ほわほわほわわわ～んとお医者さん。

医者 うーん。重度の近眼と乱視だね。日常生活は大丈夫だけど、サッカーは趣味程度かな？

ほわほわほわわわ～んと医者退場。

コーチ 乱視まで?!
客3 うわーん！
侍従 あきらめないで！ メガネがあるじゃない！
客3 こーんな瓶の底みたいなレンズなんだぞ！ サッカーやるどころじゃないよ！
侍従 じゃあコンタクトは？
客3 私の乱視に効かないって言われた！
コーチ 打つ手がない。
侍従 本当に？
客3 自分にはなんの価値もなくなったんです。

侍従　そんなことありませんよ！
コーチ　もう終わりだ。日本女子サッカーの未来は失われたんだ。
侍従　そんなこと言わないで！　大人が諦めてどうするの！
コーチ　部外者が分かったようなことを言うな！　目はどんなスポーツでも重要なんだ。それがダメだとすると……
客3　もう私には何にもない。

ずっと黙っていた主人やおら魔法用のピストルを構えて。

主人　そう、あなたには何もない。
客3　何をするんだ！
主人　何もなくなったんだ。もう思い残すことはないよね？
客3　え？
主人　だってサッカーができなくなったら死んだも一緒なんでしょ？
客3　それはコーチが言ったことで。
主人　自分もそう思ったんでしょ？
客3　そ、そうだよ！　もっとやりたいことがあったんだ！　もっともっとサッカーしたかったんだ！
主人　そう、分かった。

くるっと方向転換してコーチに狙いをつける。

コーチ　え？　え？
主人　押さえて！
侍従　はい！

侍従がコーチを羽交い絞め。

コーチ　やめろ！　やめろ———‼
主人　ばきゅーん！

さっきの音楽。芽が出る儀式を踊る。頭から芽が出る。花が開く。

声　才能が開花しました！
声　ばんざーい！　ばんざーい！　ばんざーい！

コーチ　はっ！　私は一体何をしていたんだ！　お前！

一緒にがんばろう！

客3　え？　でも私は目が……

コーチ　治せばいい！

客3　でも医者には……

コーチ　あの医者はやぶ医者かもしれないだろ。私が必ずお前の目を治す方法を見つけ出してやる。昔はメガネをかけた名選手だっていたんだ。心配するな。お前が失明したってサッカーさせてやる。ブラインドサッカーだってあるんだぞ。

客3　コーチ。

コーチ　お前頭に花が咲いているぞ？

客3　コーチの頭もですよ。

コーチ　そうか、じゃあ気にするな。

客3・コーチ　あははははは。あははははは。

客3、コーチ楽しそうにワイワイと去っていく。

侍従　良かったですねえ。

主人　ねえ、ボクの力は一体なんの役に立つのかな？

侍従　その気になれば山を動かすことだって、空を落とすことだってできますよ！

主人　それは、役に立ってるって言わないよ。

侍従　(黙っている)

主人　ボクの力は大きすぎるよ。空を落としたり、山を動かしたら気持ちいいよ。でも、それは役に立ってない。ボクの力をどう役立てればいいんだろう？

侍従　それにはご自分を好きにならなくてはいけません。

主人　え？

侍従　ぼっちゃんはご自分のことが好きではありません。自分がやったことを嬉しく思わない。だから他の人に怒られるようなことをする。自分のことを好きじゃないから、無駄遣いのように力を使う。

主人　それはボクが出来損ないだからだよ。

侍従　そんなことはありません。ぼっちゃんは心の準備ができる前に大きな力を持ってしまっただけです。ぼっちゃんは出来損ないなどではない。

主人　だって……

侍従　坊ちゃんの力は生まれながらにありました。準備が出来てようがなんだろうが力はあるんです。顔や体を変えることができないように、生まれつきのものです。その力と一緒に生きていくしかないのです。ならまずは自分を好きにならなくては。

主人　どうやって自分を好きになればいいの？

侍従　もう準備はできていると思いますよ。地上に来て良いことをしたのですから。

主人　あれは、良いことだったの？

侍従　それはご自分が一番良くわかってらっしゃるのではありませんか？

主人、客3たちが帰っていった方を見る。

侍従　どうします？　店じまいにしますか？

主人　そうだね。

侍従　これでやっと天界に帰れますね。さらば人間界。もう戻ることはないぞ！(と看板を片付けようとする)

主人　待って。その看板はそこに置いて。

侍従　え？　あ、そうですね。別に天界で才能屋をやるわけじゃありませんからね。

主人　明日になったら、ひっくり返して店を開けなくちゃいけないもの。

侍従　そう、明日になったら……え？　三つの良いことをしたのですから、もう帰れるんですよ？

主人　お前だけ帰ってもいいんだよ？

侍従　(ちょっと気持ちが揺らぐ）そういうわけにはまいりません！　私は坊ちゃんと共にいるのです。

主人　じゃあ、こっちで才能屋をやる？

侍従　もちろん！

主人　じゃあ、今日も夜空と言う名の布団の下で、大の字になってねよう！

侍従　ああ……私の雲の布団よ！

主人　おやすみ！

主人と侍従二人で地面の上に横になる。幕が閉まる。

――おわり――

上演のてびき

柏木 陽＋井原法子

▼はじめて演劇を上演しようとする人たちへ

多分この本を読んでいる人は演劇をやってみようと思っているでしょう。しかも私のこの文章を読んでいるということは私の書いた『才能屋』を上演しようと思っているのではないでしょうか。経験豊富な人もいるかもしれませんし、はじめて挑戦しようとする人もいるかもしれません。そこで少々おせっかいかもしれませんが『才能屋』を上演するにあたりちょっとだけ気にしてもらいたいところを書いておきます。この文章を参考にしてもいいし、しなくてもいいです。

▼演出は「最初の観客」

はじめて演劇を上演しようとするときに一番悩むのは、何をどうやって決めていくのかということだと思います。そこで演劇では「演出」という名前の役職を決めることが多いです。演出という言葉だけではどんなことをするか分かりにくいと思いますが、映画における映画監督のようなものだと思ってください。

映画監督というと、全部なんでもその人が決める絶対的権力者のようなイメージを持っている人もいるかもしれませんが、これが全然そんなことがありません。何かを決めるのは、その持ち場の責任者です。映画監督は助言を求められることはありますが、何かを決めるということはほとんどないみたいなのです。でも、みんな監督に聞きにきます。これはどうしますか、あれはどうしますかと聞かれた監督は、これはこうしましょう、あれはこうならないですかと話しているので、まるで監督が決めているかのように見えますが、決めているのは別の人です。ではなぜみんな監督に話を聞きに来るのかと言えば、それは監督が見たいものを作っているからです。言ってみれば映画監督は最初の観客とも言えるかもしれません。

演劇の演出という役割もこれに近いです。練習をしている場所にいる最初の観客。その人は助言はするけど何かを決める人ではない。これでは実際の練習をしている時に演出の人が何をしたら良いのか分かりませんね。

▼「こう見えたよ」「どんな風にしたかったの?」

演出の人にまず最初にやってみて欲しいのは、今こう見えていたよと教えてあげることです。演劇の練習をしている時に出演者の人たちは自分の姿を見ることができません。絵を描く時には、紙に描いた絵を近くで見たり遠くで見たりしながら、ここをこうしようと考えることができます。文章を書く時も、難しい計算をする時だって、自分が何をしているか自分で確かめることができるのに、演劇の練習の時には自分がどういう風に演じているのか確かめることができないのです。なので練習の場でそこで起こっていることを映しだす鏡のような役割をしてみて欲しいのです。

もしもこう見えていたということが言えるようになってきたら、次にはこのように見えていたけれど、そういう風にしたかったの?と出演者に聞いてみましょう。返ってくる答えは本当のことかもしれないし、嘘かもしれません。そのことはあまり問題じゃありません。その人に尋ねてみることが大事です。今したことがどんな風に見えていて、自分はこんなつもりでやっていたという事実を照らし合わすだけで、出演者は次にどんな風にしてみようかと考えることができます。

▼リクエストは具体的に

こう見えていたということが言えるようになって、どんな風にしたかったのか聞けるようになってきたら、もっとこんなことが見たいんだけどと、リクエストを出してみてください。もっと早く入ってきてほしいなあ、もっと大きく手を回したらどうだろう、もっと足を上げてなど、リクエストは具体的であるほど良いと思います。時々もっと感情を込めてとか、もっと優しく言ってとか言う人がいますが、これでは言われた人はどんな風にして良いか分かりません。その人は感情を込めているつもりだろうし、優しく言っているつもりだったりします。だから混乱します。混乱しないように具体的にもう少しゆっくり話してみたらと言われたらできるかもしれません。できないかもしれませんが、今の状態から何かを変えていかなくちゃいけないんだなということは分かりますし、そのことは具体的な行動で変えるんだということも分かります。

演劇は感情や心のことを扱いますが感情や心は見えません。私たちは見えていることや聞こえていることを通じて相手の感情や心を想像するのです。だから演出という役割の人は、見えていること聞こえていることだけを相手にしなくちゃいけません。感情や心のことを言い出すとキリがありませんからね。

演出という役割はほんの百年ぐらい前にできたもので

す。今でも何をするのかという定義があいまいなのです。いろいろなことを言う人がいますが、まあだいたい以上のことをやっていると練習はしていけるのではないでしょうか。

▼好きなように楽しく

この台本は好きなように上演してください。楽しく上演してもらえればこの台本もこの台本が作られていく時に関わった部員たち先生方もきっとうれしいと思います。

できればどんな風に上演したか教えてください。この台本がみなさんの楽しい上演の助けになれば幸いです。

（柏木 陽）

▼舞台づくりについて

初演は、二〇一一年秋、東京都世田谷区立世田谷中学校演劇部の上演でした。脚本を柏木さんが担当し、舞台づくりについては、顧問が担当しました。

①大道具、小道具とその使い方について

大道具として、2枚の三六判（900ミリ×1800ミリ）のパネル2枚と「才能屋」と書いた表示の幅の狭い小パネルとを使いました。

パネルの素材は、板ダンボールを使いました。軽くて持って動くのに適していることと費用も安く、加工もしやすいからです。

一枚の板ダンボールには黒いラシャ紙に大木の縦半分の形を描いて切り、貼り付けました。もう一枚も同様に違う種類の木や葉っぱを黒いラシャ紙で作って貼り付けました。部員が手で持って舞台上を移動し、場面転換をしていきます。

後ろに写真立ての足のような足を付けておき、パネルを立てておくこともできるようにしました。これは、三ミリ厚さのベニヤ板で補強しました。

才能屋の表示のほうのパネルは、足元にダンボール箱をつけて、自立の支えにしました。そのダンボール箱が、小物入れを兼ねていて、バナナやブーケ、拳銃などを入れておき、必要な場面で取り出し、使います。

②音の使い方、舞台転換、踊り

脚本中のト書きに、使った曲名を入れてありますが、そのほかの場面転換にも、ぜひ曲を入れてください。テンポのいい曲を選び、見せる舞台転換をしました。効果音集から探すこともできます。

踊りは、生徒が考えて創りました。曲調に合わせて工夫していました。

（井原法子）

父さん母さんありがとさん

森 澄枝

中学生ナナは、ある日、学校から帰ると、
部屋に置いてあるお気に入りのレコードプレイヤーが
勝手に動いているのに気がついて……

上演＝東京・東久留米市立南中学校演劇部

［写真＝小山内徳夫］

登場人物

父
母
ナナ
犬
まるこ
お炭
マー坊
祖父
祖母
旅犬

1

どこかの一軒の家。犬、庭で遊んでいる。
ナナ、学校から帰ってくる。

犬 ワンワン！　ワン！
ナナ ただいま。
犬 ワン！
ナナ チャコ、一緒に家に入ろう。
犬 ワン！

ナナ、犬、家に入る。

ナナ チャコ！
犬 ワン？
ナナ 足、ちゃんと拭いてね（タオルを渡す）。

犬、自分で足を拭く。
母、誰かと電話している。

母 （電話に）今までなにを聞いてたのよ、そんなこと言ってないでしょ！（気がついて）あ、おかえり。
ナナ ただいま。

犬、すぐ母のもとに向かう。

母 （電話に）ええ、だからね、美味しかったよ、とりあえずは。……え？　とりあえずってのは、そういうことよ。あなたも本当にわからない人ね。
ナナ また、ドーナツ屋のまるこ？
母 そう。（犬を見て）あ、ちゃんと足拭けてない！　チャコ！　足見せてごらん。この甘えん坊！

母、犬の足を拭く。犬、嬉しそう。
ナナ、自分の部屋に入る。

母 （電話に）え？　なに言ってんのよ。甘えん坊はこっちの話よ。ちょっと、ナナ！　今、お父さんがね、（電話に）あなたのお父さんじゃないわよ。
ナナ（声） なあに？
母 （電話に）本当にあんたとはうまくかみ合わないわね

え。

ナナの部屋。

ナナ　……父さんがどうしたって？

ナナ、鞄を置く。
机の横のレコードプレイヤーに目をむける。
動いているレコードプレイヤー。

ナナ　……え？

レコードプレイヤーから、長いひもが続いている。

ナナ　なにこれ？（ひっぱってみる）

相当長いひも。

ナナ　……（ひっぱってみる）。

まだ長いひも。

ナナ　長すぎる。

ひも、押し入れの戸に挟まれて、中に続いている。
ナナ、怖いながらも思い切って押し入れを開ける。
ひも、ヘッドホンとつながっている。
父、押し入れの中で、ヘッドホンで音楽を聴いている。

父　（気がついて）わあ!!
ナナ　（驚いて）わあ!!
父　そこで何してる！
ナナ　父さん！　それは、こっちのセリフ！
父　おかえり。
ナナ　早く出てよ！　何してんの、やめてよ。勝手に聴かないでよ（レコードプレイヤーを止める）。
父　いやー、気持ちがいいなあ、昔の音は。しかもこの押し入れの中で、ひっそりと。かすかに冷たい、この空気の中でな。こんな懐かしいの見つけちゃった（からくり箱を見せる）。
ナナ　なに？……早く出てください。
父　はいはい。ナナ、これ、なんだかわかるか？

ナナ　なに？……早く（押し入れから父を出す）。
父　はいはい。これはな「からくり箱」だ。昔ね、これもらってさ！　開けるのややこしくて難しいんだよな。あ、でも昔はね、簡単に開けられたんだよ。コツがあるんだ。あ、お前もやってみるか？
ナナ　やりません。
父　（からくり箱を渡す）いいから、やってみろ！って。

父、伸びをする。

父　その中に……何が入ってたんだっけ？……忘れちゃった。開いたら教えてね！（見渡して）ちゃんと、きれいに部屋掃除してるな。なあ！
ナナ　なにやってるの、父さん、仕事は？
父　……テヘ！
ナナ　出てって。ね、もういいから。
父　朝、起きたら、ちょっと頭痛だったの。で、ちょこっと横になってテレビ見ながらお菓子食べたら元気になったの！
ナナ　ずる。
父　具合が悪い時は無理しちゃだめだよ。ゆっくり休む！　で、親子の会話を楽しむ！
ナナ　私は楽しくない。
父　ナナ、学校楽しいか？　青春してるか？　海に向かって叫びたいか？　何か困ったことがあったら……。
ナナ　困ってます！
父　誰に!?
ナナ　父さんに。
父　そんな言葉どこから出てくるんだよ。あれだろ、お前、思春期！　だろ!?
ナナ　え？
父　ああ、いいよ、いいよ。そうやって言葉で人を傷つけているんだろ。あー、無駄無駄！　父さんはな、今、お前の思春期を猛烈に受け止めているよ。いつでも困った時は、助けてやるから。
ナナ　……。
父　母さん、まだ電話してた？
ナナ　してた。
父　うわー、二時間以上しゃべってるぞ！　女ってのはどうしてぺらぺらと、ほら、商店街のドーナツ屋のまるこ。昔はね、二人はケンカばっかりでさ、ナナに見せたかったなあ、父さんの百人斬り。ケンカを止めるのはいつも父さんだった……。やめるんだ、お前たち！　きゃー、かっこいいー！

ナナ　父さん！　落ち着かないから早く出ていってよ。

父　おいー、思春期。

ナナ、父からヘッドホンを奪い取り、耳につける。

父　部屋の掃除もいいけどな、このプレーヤーの中も掃除してくれよ。古いけど良い音出るんだから。

ナナ　（聞こえない）え？　なに？

父　ああ、いいよ、いいよ！　そうやって態度で人を傷つけてるんだろ。

ナナ　（からくり箱を持ち）これ、返す！

父　いいから、開けてみろ！って。難しいけど、おもしろいんだから！　父さんが、お前ぐらいの歳にはね、簡単に――

ナナ　ずる休みにいろいろ言われたくない。

父、出ていくが、すぐ戻ってきて、

父　それ、あげるんじゃないんだからね、ちょっとの間、貸すだけだから。で、開いたら、教えて――

ナナ　わかった！

父、出ていく。

父（声）　チャコ、わかってくれるのはお前だけだよ。

犬（声）　ワン！　ワン！

犬、素早くナナの部屋に入ってくる。

父（声）　犬にまで嫌われてるぅ――！　さびしくて、どうにかなりそう！

母（声）　電話してるんだから静かにしてよ。

犬、押し入れを前足でカリカリする。
ナナ、押し入れを開ける。
犬、押し入れの中に入り、父のいた場所で丸くなる。

ナナ　チャコ？……あはは！　父さんの真似!?

ナナ、レコードプレイヤーから、音を出す。

からくり箱を持ち、押し入れの中に入り、そっと戸を閉める。

2

ナナ、押し入れではない、どこかで眠っている。

犬　ナナ！　ナナ！　起きろ！　ナナ！
ナナ　え？　あ……ついつい寝ちゃって……。
犬　わしらは、押し入れの隙間から、落ちてしまったようなのだ。
ナナ　隙間って？
犬　良くは、わからんが、寝てたら、ドスンという音が聞こえた。それで目が覚めたのじゃ。とんでもないところに来てしまったかもしれん。
ナナ　どうにかしてここを出なきゃ。
犬　考えよう。
ナナ　どうして……
犬　考えよう。
ナナ　なんでさ……
犬　考えよう。
ナナ　考えてもどうにもならない時はどうする？
犬　……考えよう。

間。

ナナ　そうしよう。

間。

ナナ　チャコ、なんでしゃべってるの？
犬　わしは、だいぶ歳をとっておる。若い頃と違って「チャコ」と呼ばれるのには若干の抵抗があるのだが。「チャゴロウ」あたりが助かる。
ナナ　じゃあ、チャゴロウ。
犬　かたじけない。

間。

犬　ナナ、なぜ、わしの言葉がわかる？

ナナ、犬、慌て叫ぶ。

ナナ・犬 うわあーーー!!

ナナ なんでしゃべってるの？

犬 さあ……。

ナナ さあ!?　いつから!?

犬 先ほどから……。

ナナ チャコ！

犬 チャゴロウ（立ち上がる）。

ナナ チャゴロウ！　なんで立ってるの？

犬 この方が、ちょっと都合がいい。

ナナ つ、都合ってなに!?　ついに私は、イカれてしまったんだ。勉強のしすぎだ。

犬 遊びのしすぎじゃろ。

ナナ うわー、助けてー。帰ろう！　帰ろうよ！　チャコ！

犬 わしは、チャゴロウ！

ナナ ……。

犬 完全に来てはいけない世界に来てしまったようだ。

ナナ 帰らなきゃ、どこかに出口があるはずだよ。

犬 わしらは、ミステリーハンターじゃな。わしは、スーパーチャゴロウくん。

ナナ あなた、犬でしょ。帰り道の匂いを嗅いで！

犬 承知した！　スーパーチャゴロウくん！

犬、あちこち匂いを嗅ぎまわる。

ナナ 懐かしい？

犬 これは、懐かしいにおい。

ナナ、犬、周りを見渡すと、見たことのあるような部屋が浮かび上がってくる。

ナナ これ、見たことある。これも……これも……。

犬 リアルな夢を一緒に見ているということか。歳をとると、いろんなこと経験するよ。

ナナ 夢か、そうだね。

ナナ、倒れる。

犬 ナナ！　どうした！　わしを置いてゆくな！

ナナ 寝てんのよ。もう一度寝て、夢から覚める。ね！

いい方法でしょ。

犬　そんな安易な！……わしもそうしよう。

ナナ、犬、眠る。

ナナ　（起き上がり）ここじゃだめ（と、押し入れの中に入る）。

犬　（起き上がり）わしを一人にするな（と、押し入れの中に入る）。

ナナ・犬　さようならー！（戸を閉める）

押し入れの戸が閉まると同時に、中学生の父、走って現れる。

父　誰!!

沈黙。

父　誰かいるのは分かってる！　声が聞こえたんだ！

父、部屋の中にある虫捕り網を手に取り、いろんなところを突く。

押し入れを突く。

怖いながらも思い切って押し入れを開ける。

ナナ・犬　はっ！

父　はっ！

父、素早く戸を閉める。

父　なんだ、今のは!?

ナナ、犬、閉じ込められる。

ナナ（声）　いやー、ここから出して！

父　泥棒！

ナナ（声）　泥棒じゃないの！　信じて！

犬（声）　いやー、暗いの怖いー！

犬、反対側の戸を開ける。

犬　わし、頭良いー。

ナナ、犬、勢いよく押し入れから飛び出る。

父　誰だ！　早く出ていけ！　何も盗んでないなら、み、見逃してやる！

犬　あんた、足が震えとるぞ。

父　犬まで連れてきて、何のつもりだ！

ナナ　あ、あの――（父に近づく）

父　わ‼　助けて！　ど、泥棒――‼

ナナ、父の口を塞ぐ。

ナナ　大きな声出さないで！　泥棒じゃないの！　信じて！

犬　ナナ、余計に怪しくなってしまった。ん？　懐かしいにおい！

ナナ　え？……チャゴロウ！

犬　承知した！　スーパーチャゴロウくん！

犬、父の周りを回り、父の匂いを嗅ぐ。

犬　パパさん‼

ナナ　父さん⁉（口を塞いでいた手を放す）

父　（解放される）げほっげほっ！　早く出ていけ！

犬　パパさん、ナナと同じ制服じゃ！　中学生か！　ナナ、愉快な夢じゃなあ。

父　お巡りさん呼ぶよ！

ナナ　父さん！

犬　ナナ、誤解を解かなくては。怪しい奴と思われとる。

ナナ　あんたもこの時点でじゅうぶん十分怪しいよ。

父　犬と話ができるの？

ナナ　うん。つい、さっき、できるようになったの。

父　犬が立って歩いてる。

ナナ　うん。この方が都合が良いみたいなの。

犬　パパさん！　これは、わけありなんじゃ！

父　（犬に向かい）ワン！　ワン！　ワン！　今のは何て言ったの？

ナナ　え？　今のは……やっぱり私だけに聞こえるのね。

父　人のこと、からかってそんなに楽しいの！

ナナ　違うの！　父さん！

父　僕は変わってるって人からよく言われるけど、君はもっと変わってる。僕がお父さん⁉　じゃあ、君は……み！……み！
ナナ　未来から来たとか言わないで！　混乱してるんだから！
父　いい⁉　怒っていいのは僕の方なんだからね！
ナナ　助けてよ、父さん！
父　僕が助けてほしいよ！　早く出ていけ！
ナナ　お願い、話を聞いて‼
父　……。
ナナ　……押し入れから来たの。

間。

父　本当のこと言わないと、お巡りさん呼ぶよ。
ナナ　押し入れに入って寝てたら、この部屋に落ちたの！……そしたら、チャコがしゃべって――
犬　チャゴロウ。
ナナ　チャゴロウにしてくれって。帰れなくなって、急に、若い父さんが現れて！
父　じゃあ、今すぐ押し入れから帰れよ！
ナナ　帰るわよ！　今すぐ帰るわよ！
犬　ナナ（止める）。
ナナ　やめて！　放して！　放してよ‼……どうして……どうして私に話しかけるの‼

間。

ナナ　どうして、こんなことになっちゃったの……。
犬　……ナナ……（寄り添う）。
ナナ　私が押し入れに入ったんだよね。……怒鳴ってごめんね。
犬　この世は矛盾の固まりじゃな。その矛盾のおかげで、わしはナナと話ができる。矛盾もたまにはいいもんじゃな。
父　……何か証拠を見せて。そしたら、信じられるかも。
ナナ　信じてくれるの？
父　うん……。いや、ごめん。自信ない。
犬　ナナ、この匂いは、確実にパパさんじゃ。話を聞いてもらった方がいい。
ナナ　うん。
父　なんだって？
ナナ　あなたは、父さんの匂いがする。話をしろって。

父　はあ、まいったな。
ナナ　私の名前は、ナナ。父さんの名前は、キヨシ。
父　僕だ。
ナナ　私の好きなものは、父さんからもらった、ＬＰのコレクション。
父　あ、僕持ってる。

父、押し入れを開ける。
中に整っているＬＰ盤のコレクション。

ナナ　あ、これだ！（手に取る）私、小学生の時に全部もらったの。
父　え!?　これはあげられないよ！　大切にしてるんだ。
ナナ　でも、私、十歳の記念にもらうのよ。
父　僕がいない間に、これを見たのかもしれない。
ナナ　父さん。
父　夢なら覚めてほしいよ。
ナナ　ごめんなさい。
父　あ！

父、何かに気がつき、本棚から本を取り出して、

父　ええと……、ああ、これこれ。ほら、ここ見てごらん。地球上には毎日、目に見えないものも含めて、何個も隕石が落ちてくるんだよ。その中の一つが、たまには、石じゃなくても良いし、また、その中の一つが夢から落ちてきても……別にそういうことがあっても……まあ、そういう可能性もあるんじゃない。
ナナ　どうにかして帰らなきゃ。
父　君にとって、これが夢でも何でも、僕にとっては、これが現実。……落ち着くような曲でも聴く？
ナナ　犬がしゃべるのは？
父　僕には、ワンワンとしか聞こえない。
犬　ワンワン。
ナナ　チャゴロウ、ふざけないで。
犬　すまん。
祖母（声）　キヨシ！　清！

祖母、現れる。

祖母　なんだい、ガヤガヤうるさいね！

全員、固まる。

祖母　お！　お！　女の子！　おんな！　女の子！　それと、犬！

犬　初めて見たのか。

父　（ナナに）僕、いつも、ほとんど一人だから。

祖母　女の子！（祖父を呼ぶ）あんた！　あんた！　清の部屋に女の子がいるよ！

祖父（声）　なんだって!?

祖母　今、お茶入れるね。ゆっくりしていってね。

祖父、現れる。

祖父　どこだ、女は！（ナナを見つけると、父をつかみ）このやろう（殴る）！

父、吹っ飛ぶ。

全員　ぎゃあ――!!

祖父　いいか！　清！　女の子を連れてくる時はな、堂々と、玄関から連れて来い！　窓から家に入れるなんて、かわいそうなことをさせるな!!

祖母　あんたのそういう紳士なところ、好きだよ。

ナナ　（祖父に）違います。窓じゃありません。押し入れから来たんです！

祖父　押し入れだと―!!

犬　あー、こりゃいかん。余計に刺激してしまった。

ナナ　（祖母をよく見て）おばあちゃん!?

祖母　違うけど……？

ナナ　チャゴロウ！　おばあちゃんだ！ってことは、あっちはおじいちゃんだ！

犬　あらまー。

祖母　違うんだけど、ゆっくりしていってね。今、お茶入れるね。

祖父　立て！　立ち上がれ！　地に足付けて、しっかり背を伸ばせ！　胸を張れ！　男なら、歯くいしばれ！

ナナ　おじいちゃん！

祖父、父を殴る。父、吹っ飛ぶ。

全員　ぎゃあ――!!

3

部屋。

犬、寝ている。

父、痛そうなあざがある。

ナナ　大丈夫？

父　大丈夫じゃない……。でも殴られるのは、慣れてるから。ねえ、未来ではさ……その……君の世界ではさ……君のおじいちゃんは……あんなふうに怖い？

ナナ　ううん。私には怖くない。

父　孫には優しいんだ。

ナナ　うん。あんなふうに殴ったりしない。

父　じゃあ、僕は、いつまでも殴られて育つわけじゃないんだな。

父、ナナ、笑う。

ぐれた中学生の母、自転車に乗って現れる。

自転車の後ろには「おいしいパン屋」の旗。

母　(自転車のベルを鳴らす) おーい！　清！

父　あ、吉永さんだ。

父、ナナ、犬、窓から外を見る。

ナナ　吉永さんって……か！　母さ――

犬　ワン！　ワワン！　ワワーーン！　ママさーん！

犬、興奮する。

犬　ママさん、若い！　かわいーいー。

父　なに？

ナナ　な、なんでもない。(犬に、小声で) 母さんが、不良だったなんて知らなかった！

犬　ナナ、ここで、パパさん、ママさんがお互いを意識してしまったら、将来結婚もなく、ナナも生まれないかもしれん。ここは、事情知らぬ顔で過ごすのじゃ！

ナナ　うん。

犬　ママさーん！　なでなでしてくだされー！(手を振る)

ナナ　あんたは人ごとだと思って……。

母　なんだ？　犬を飼い始めたのか？
ナナ　こんばんは。犬は、私の犬、チャゴロウ。私は、ナナです。
母　へえ、清！　あんた、彼女が出来たの？
父　違うよ！　ボクの娘なんだ！
ナナ・犬　（撃沈）あああ……。
母　お前、本当に変なやつだな！　その子、彼女じゃないな。
ナナ・犬　（立ち上がる）復活！
母　清、良かったな！　友達が増えて。
父　吉永さん、お母さんみたいなこと言わないでよ。

母、自転車のかごに入れた袋からＬＰ盤を取り出して、

母　これ、借りてたやつ。清の言った通り、いい曲だったぞ！

父、虫捕り網を窓から外に伸ばす。

父　そうでしょう！（虫捕り網で受け取る）吉永さんなら、気に入ってくれるって思ってた！（ナナに）吉永さんもね、ＬＰ持ってるんだ。ＬＰ仲間なんだよ。
母　（ナナに）両親のだけどね、良い音出るんだ。
ナナ　（母に）私も持ってるの。父さんのだけど。
父　（ナナに）それって僕の？
ナナ　うん。
母　一気に仲間が増えたな！……お前に渡しといたやつは、どうなった？
父　ああ。これね。（虫捕り網にノートを入れて渡す）ちゃんと全部、答え書いておいたよ。
ナナ・犬　（父を見て）え！？
母　サンキュー（ノートを手に取り、確認する）。
父　アンダーライン引いてあるところは、今度テストに出るって先生が言ってたところだから。
母　数学……国語……英語……——ばっちりだな！
犬　ママさん、あっぱれ。見事な人任せじゃな。
母　あ、あれは、どうなった⁉　お前に預けてるからくり箱！
父　あれ、惜しいところまでいくんだけどね。まだ、開かないんだ。
ナナ　からくり箱……。

ナナ、ポケットから、からくり箱を取り出し、すぐにしまう。

母　だから、からくり箱なんじゃないか。急がないからさ、開いたら必ず教えてくれよな。

父　うん。

母　清、今日はこれ受け取ってくれ。お前の好きな砂糖ぶどうパンだ。

父　わあ！　ありがとう！（虫捕り網で受け取る。ナナに）吉永さんち、パン屋さんなんだよ。

母　おじさんとおばさんの分も入れておいたからな。ナナと、そこの犬は、清から分けてもらいな。

ナナ　ありがとう！

犬　ママさーん（手を振る）。

父　あ、お父さんがね、今度は、窓からじゃなくて、玄関から入って来いって。

母　ようやくきた反抗期だ！　おじさんに、よろしく伝えてくれよ。

犬　ママさん……かっこいい。

母　じゃあ、またな。行ってくるよ。

父　気をつけてね。

母、自転車に乗り、去っていく。

犬　配達か。なんと親孝行な娘じゃ。

ナナ　配達？

父　違うよ。決闘だよ。

ナナ・犬　決闘⁉

父　毎日のようにケンカしてる商店街のライバル相手がいるんだよ。

ナナ　え、商店街⁉

ナナ・犬　ドーナツ屋のまるこ‼

父　やっぱり……君は、いろいろ知ってるんだね。

犬　パパさん、何をのんきにしている！　助けなければ！

ナナ　父さん、決闘なんてやめさせて！

父　どこでケンカしてるかわからないし、女同士の争いに男の僕が首を突っ込む話じゃないでしょ。

犬　ナナ、危険な匂いがする……ママさんが危ない！

ナナ　チャゴロウが危ないって言ってる！

父　危ないって、いつも一対一だよ。それに吉永さん強くて、毎回勝っちゃうんだ。

ナナ　父さんは、いつもケンカを止めてたんでしょ⁉
百人斬り！
父　百人斬りなんて誰が言ったの（笑う）？
犬　（匂いを嗅ぐ）な、なんじゃ、これは……いくつも匂いがするぞ。
ナナ　何人か他にいるってこと⁉
父　一対一じゃない？
犬　急げ、ナナ！　パパさんを早く説得しろ！
ナナ　父さん、私を信じて！　お願い！
父　え？
犬　貴様！　それでも男の端くれか！　立ち上がれ、日本男児‼
父　なに？　な、何？
ナナ　チャゴロウ、匂いを嗅いで！　私たちを連れてって！
犬　承知した！　スーパーチャゴロウくん！　ナナ、パパさん、わしについてまいれ‼

犬、素早く走り去る。
ナナ、父、急いで後を追いかける。

4

ドーナツ屋のまるこ、高台に立っている。
母、見上げている。

まるこ　パン屋の不良！　ずいぶん待たせるじゃないか！
母　ドーナツ屋のまるこ！　店の手伝いして何が悪い！
まるこ　不良なら不良らしく不良してな！
母　そんなことばかり言ってるから、あんたんとこの店、儲からないのさ！
まるこ　気に入らないね！　今日こそ決着をつけようじゃないか！
母　今日もあんたの負けだよ。
まるこ　それはどうだかね。数打てば当たる！　ケンカ上等！　出てきな！

高台の陰から、二人出てくる。

まるこ　豆腐屋のマー坊！

マー坊　お前なんて、豆腐の角にぶつかれ！
まるこ　焼鳥屋のお炭！
お炭　あたしに近づくと直火焼きで怪我するよ！
まるこ　そして、油にまみれた私！　ドーナツ屋のまるこ！
三人　三人そろって、商店街ズエンジェル！
まるこ　ちょっと無理があるけど、
三人　商店街ズエンジェル！
母　……さよなら（去ろうとする）。
まるこ　待て！
お炭　逃げる気⁉
マー坊　お前なんて、豆腐の角にぶつかれ！
お炭　あたしに近づくと直火焼きで怪我するよ！
まるこ　ちょっと無理があるけど、
三人　商店街ズエンジェル！
母　……さよなら（去ろうとする）。
まるこ　待て！
お炭　逃げる気⁉
マー坊　お前なんて、豆腐の角にぶつかれ！
お炭　あたしに近づくと直火焼きで怪我するよ！
まるこ　商店街ズエンジェル！

母　うるさい‼

商店街ズエンジェル、固まる。

母　文句があるなら聞こうじゃないか！　同じ商売人の血が流れているなら、正々堂々商品で戦いな！　その前に、一人も三人も同じこと！　ぶっ壊れたい奴から、かかってきな！
まるこ　ぶっ壊れるのは、あんただよ！
母　まるこ！　とことんひきょうな奴だね！　ケンカ上等！

四人、争っている。

ナナ　やめて！　やめて！

犬、ナナ、父、現れる。

マー坊　誰だ、こいつは！
母　あ、あんた、どうしたの⁉
ナナ　助けに来たの。こっちに来て！

犬、ナナ、父、急いで母と商店街ズエンジェルを引き離す。

母　なんで？（商店街ズエンジェルに）逃げるな！

三人　お前こそ逃げるな！

母　（ナナに）なんだよ、どうしたんだ。

ナナ　一人で危ないでしょう！

母　なんで？

ナナ　なんでって、これで三対三！（犬を見て）……三対四！

父　僕は審判。チャゴロウ、頑張って（去る）！

犬　パパさん！　男というものは、惚れた女のためなら――

いつの間にか、再び乱闘になっている。

ナナ　やめて！　やめて！（止める）どうしてすぐ、ケンカするの！

母　してない。

ナナ　してるじゃない。

まるこ　してない。

ナナ　してる。

お炭　してない。

ナナ　してるでしょ。

マー坊　してる。

全員　……（マー坊を見る）。

間。

ナナ　争いからは何も生まれないの。

三人　？

ナナ　社会の教科書に載ってたでしょ？

三人　??

お炭　そんなこと載ってない。

ナナ　だから、歴史からそんなふうに学びとれるでしょ！

お炭　あたしに近づくと直火焼きで怪我するよ！

ナナ　……なんで？

お炭　ちょっとタイム！

ナナ　タイム？

商店街ズエンジェル、集まりひそひそしている。

お炭　（まるこに）あの子、何言ってるのかわかんない。

マー坊　（お炭に）その気持ち、わかるよ。わかる、わかる。

まるこ　（マー坊に）え？　わかるの？

お炭　（まるこに）だから！　あの子、何言ってるのかわかんない。

マー坊　（お炭に）だから！　その気持ち、わかるよ。わかる、わかる。

まるこ　（マー坊に）だから！　え？　わかるの？

お炭　（まるこに）だから！　あの子、何言ってるのかわかんない。

マー坊　（お炭に）だから！　その気持ち、わかるよ。わかる、わかる。

まるこ　（マー坊に）だから！　え？　わかるの？

しばらくして、

三人　え？

ナナ　え？

三人　え？

ナナ　え？……もういい。

犬　あっぱれ、ナナ！　見事にケンカを止めた！　ママさん、なでなでしてくだされー（ゴロリとする）。

母　なんだよー、こいつぅー。チャゴロウ、お前気に入ったよ（なでなでする）。

犬　ママさーん。

父、虫捕り網を手に持ち、走って現れる。

父　かかってこい！　これが、オレの百人斬りだーー!!

ナナ　その虫捕り網、取りにわざわざ家に帰ったの？

父　三百メートルを十秒で走ったような計算になります。

母　清、もう終わったよ。

父　え？

犬　ママさーん。

不気味な風が吹く。

犬　むむ！（立ち上がる）

高台に大きな犬が現れる。

まるこ　また出たか。
ナナ　え？
お炭　最近この辺りをうろついているノラ犬さ。
マー坊　商店街にも入り込んで困ってるって、母ちゃん言ってた。
母　（父に）おい！　なにしてる、早く逃げろ！
父　（大きな犬に）こ、ここへ来るな！　み、見逃してやるから！
犬　パパさん、足が震えとるぞ。
父　こ、腰が抜けた。動けない。犬が苦手なんだ。
ナナ　何言ってんの！　将来チャゴロウを飼うのよ！
父　大きい犬がダメなんだよ！
母　あんたたち、さっきから何だい!?　清、こっちに来い！
父　吉永さん！……うわーー。

父、母の後ろに隠れる。
大きな犬、近づいてくる。

商店街ズエンジェル、母の後ろに隠れる。

母　ひきょう者め！
まるこ　パン屋の不良、一時休戦だ！　どうにかしな！

犬、大きな犬に向かう。

ナナ　チャゴロウ！
母　チャゴロウ、危ないよ！（旗を大きな犬に向ける）
犬　ママさん、手だし無用！
ナナ　吉永さん、旗を下げて……。
母　え？（旗を下げる）
犬　（大きな犬に）お嬢さん、しばし待たれよ。
旅犬　……。
犬　お嬢さん……争いからは、争いから……争い……ナナ、何だっけ？　あのハイセンスなセリフは？
ナナ　争いからは何も生まれない。
犬　ああ！　それそれ！　争いからは何も生まれん！教科書にもそう書いてある！
旅犬　教科書……？
犬　お嬢さん、一体どうしたのじゃ。

ナナ　チャゴロウ、あの犬は何を怒ってるの？

犬　怒りではない。おびえているのだ。（大きな犬に）心を開かれよ。

旅犬　あんた、この辺じゃ、見ない顔だね。ノラ犬かい？

犬　……ノラ犬になりかけの飼い犬じゃ。

旅犬　前にアタシと会ったことがある？

犬　覚えがない。

旅犬　……そう。アタシも無意味な争いは嫌いだよ。アタシはノラ犬じゃない。旅をしている、旅犬だ。休むところを探している。

犬　わしの散歩コースに河原がある。この先の方じゃ。これが夢でなければな。

旅犬　夢？　そうかい。行ってみるとしよう。

犬　……。

旅犬、去る。

ナナ　チャゴロウ！

商店街ズエンジェル、逃げる。

母　ちょっと、あんたたち！

マー坊　お前なんて、豆腐の角にぶつかれ！

お炭　あたしに近づくと直火焼きで怪我するよ！

まるこ　油にまみれた私！

三人　商店街ズエンジェル！

母　かかってきな！

三人　覚えてろー!!

商店街ズエンジェル、文句を言いながら帰っていく。

父　吉永さん、もう遅いし、家まで送って行くよ。

母　大丈夫だよ。

父　そう？

ナナ　（父に）そこを押して、家まで送るのが、腰が抜けてしまった男の名誉回復。

父　（母に）名誉回復のために、送って行くよ。

母　（笑う）おまえ、本当、変な奴だな。

父、母、帰っていく。

犬　ナナ。

ナナ　ん？
犬　これは、すごい。
ナナ　どうしたの？
犬　あの旅犬は……わしの母上かもしれん。
ナナ　ええ⁉
犬　わしが赤子の頃、母は旅に出たのじゃ。わしには、母上の記憶がない。
ナナ　匂いで分からないの？
犬　鼻が鈍くなってきておる。匂いが嗅ぎ取れんのじゃ。
ナナ　だって、さっきも匂いを嗅いで、ここに来たじゃない。
犬　（首を横に振る）……何人いるかまで、わからなかった。……近場でなければ、わからなくなってしまった。……あの旅犬のことも、遠吠えで初めてわかった。
ナナ　……。
犬　……ナナ、わしは……弱ってきておる。

犬、座りこむ。

父（声）　わあ‼　な、なんだ‼

父、現れる。旅犬、父を追いかける。

父　なんで追いかけてくるんだー！　助けてくれよ。

母、自転車で父と旅犬を追いかける。

母　おーい！　清！　逃げるから、追いかけるんだぞー！

父、旅犬、母、走り去る。

父（声）　追いかけてこないでくれー！
ナナ　チャゴロウ……チャコ……。

ナナ、犬を見つめる。

5

家の庭。

父　近くの獣医さんに診てもらったらね、この犬、土佐犬だったんだよ。良くここまで旅してこれたよね。この犬、家で飼うことにしたよ。首輪作ろうかな。

父、家に入る。

旅犬　もう一度、あんたに会いたくてね。

犬　わしもじゃ……。お嬢さん、海はどのようにして渡られた。

旅犬　犬かき。

犬　……お嬢さん、……どうしてもお伝えしたいことが……。

旅犬　……。

犬　どうか笑わずに聞いて頂きたい。あなたは、わしの母上かもしれんのじゃ。

旅犬　え？

間。

旅犬　失礼しちゃうね。子どもを産んだ覚えはないよ。

犬　心穏やかに聞いて頂きたい。

旅犬　適当を言うんじゃないよ。ずいぶん甘く見られたもんだ。いいかい、じいさん、アタシはね、今まで一人で生きてきたんだ。

犬　わしも、一人で生きてきた。母上はわしを産んで、すぐにどこかへ消えてしまった。パパさんから母上は、旅犬だったと、聞かされて育ったのじゃ。今の間だけ、母上と呼ばせてもらえないだろうか。

旅犬　いいかげんにしな！　アタシはあんたの母じゃない。

犬　あなたは、美しい。

ナナ　……。

犬　お嬢さん、あなたが……いつか、母になった時……わしは、いや……あなたの息子は、あなたが母であることを心から感謝するじゃろう。

ナナ　チャコ……。

犬　あなたに出会えてよかった。

旅犬　……。

犬　ナナ、頭を冷やしてまいる。

犬、走り去る。

旅犬、ナナに近づく。

旅犬 初めて会ったときから気付いてた。あんたたちがこの時代の者じゃないって、匂いでわかるさ。この星は、奇跡の固まりで出来ているんだ。何が起きても不思議じゃない。

ナナ ごめんなさい。私、あなたの言葉がわからないの。

旅犬 かえってその方が都合がいい。

ナナ なんて言ってるの？

旅犬 あんたたち、迷ってるんだろ、この時代に。アタシはね、旅で迷ったら、出口を探さないのさ。気が済むまで、寄り道するのも悪くない。

旅犬、歩き出す。

ナナ どこに行くの？

旅犬 もうここにはいられない。また旅に出るのさ。

ナナ 行かないでよ、ねえ！　お願い、ここに住んでよ！

旅犬 それが運命なら、いつかそうなるだろうね。……また……いつか会おう。

旅犬、去る。

犬、静かに、ナナのそばに現れる。

犬 ナナ……。

ナナ ……お母さん、また旅に出たよ。

間。

犬 ナナ、お礼申し上げたい。

ナナ え？

犬 わしは、大切にしてもらい、ずいぶん長生きしておる。だいぶじいさんじゃ。こんな老いぼれでも、ここへきて少し若返ったような気がする。悩み、迷うことが、こんなにも苦しいことを思い出した。

ナナ ……。

犬 わしには、夢があった。一度でいい。母上にお会いしたい。そう思っておったのじゃ。……母は……やはり、母は強く、厳しく、そして誰よりも優しい方であった。あのお嬢さんがわしの母上なら、どんなに素敵じゃろう。そんな夢を見ただけじゃ。ナナがこの世界に迷ったおかげで、わしの夢は叶った。

ナナ　でも分かり合えなかった。

犬　母上は、……あのお嬢さんは、わしがこの時代を抜けても、生きてゆけるよう、突き放してくださったのじゃ。ナナ、そうは思わんかね？

ナナ　……チャコ。

犬　心から感謝する。ナナ、ありがとう。

ナナ　……。

ナナ、座りこみ、泣く。

犬　ナナ、な、なぜ泣くのだ⁉

祖父、釣り道具を持ち、祖母、買い物袋を持ち、現れる。

祖母　なんだい、泣いてるのかい？

ナナ　おばあちゃん……。

祖母　違うってば。

祖父　おい、女。さっき釣りに行ってきたらな、ツリー、釣っちゃったよ（木を見せる）。どうだ、面白いか！

ナナ　面白くない。

祖父　そうか、そうか！　面白いか！

ナナ　（泣きながら）面白くない！

祖父　そうか、そうか！　泣くほど面白いか！（祖母に）おい、荷物。

祖母　はいよ。

祖父、祖母の買い物袋も持つ。

祖母　（ナナに）あの犬、どこかへ行ったんだろ。さっき、遠くへ走って行くのが見えたよ。

祖父　（犬に）……お前、男だろ。女同士の話に首突っ込むと女々しくなるぞ。こい。

犬　じいさん、あんた、究極のジェントルマンじゃな。

祖父　おい！　清！　あの犬、旅に出たぞ！

父（声）　え⁉　うそ！

犬　犬は犬でも、わしのことじゃないぞー。

祖父、犬、家に入る。

祖母　あれでも、……おじいちゃん、あんたのこと心配してんのよ。

ナナ　……私……、今まで誰かに感謝されたことなんかなかった……。
祖母　そうかい？　本当に一度もない？　覚えてないだけなんじゃないのかい？
ナナ　え？

父、外に出て、そっと話を聞いている。
犬、外に出てきて、

犬　あのじいさん、目つきが怖いんじゃ。
父　静かに。
祖母　生まれた時、あんたは泣きながら生まれた。でも、ご両親だって、泣きたかったはずだよ。……泣きたいぐらい、あんたに……感謝したはずさ。
父　……。
ナナ　おばあちゃん。
祖母　違うってば。
ナナ　……。
祖母　いつだって、あんたをみてるんだよ。
父　母さん……。
祖母　そりゃあ、たまには、そういうこと忘れちまって、イライラしたり、腹が立ってぶつかったり。でもね、心の底の方じゃ、あんたのこと思ってるさ。本気だから、ぶつかるんだ。
ナナ　私、家に帰りたい。
祖母　帰りな。
ナナ　帰り道が、わからないの……。

母、走って現れる。

母　おばさん！　あの旅犬、飼うんだって⁉
祖母　ああ、見事にどこかに行っちまったよ。……引きとめちゃダメだよ、冒険してるんだ。
母　せっかく牛乳持ってきたのに。
祖母　昨日のパン、とってもおいしかったよ。ごちそうさま。
母　うん。
祖母　いつも窓から話してんだもん。今度は窓じゃなくて、玄関から入っておいで。お茶入れるから。
母　うん。おばさん、ありがとう……。

祖母、家に向かい、歩き出す。

祖母 （立ち止まり、ナナに）……あんたも、きっと冒険してるんだね。

間。

祖母 人生は、浪漫だよ。長編の小説だ。主人公はいつだって自分自身。夢見て、冒険しなきゃ。……親は、いつだって応援するさ。

祖母、家に入る。
ナナ、ポケットから、からくり箱を取り出す。

ナナ ……わかってる……わかってるよ。
母 （からくり箱を見つけて）それ……（父と犬に気がつき）あ、何だ、お前たち、立ち聞きするなよ。
犬 ママさーん。
ナナ 応援、ありがとう……。
父 ナナ……それ……（ポケットから、からくり箱を出す）。
ナナ ……お父さん!!……お母さん!!

二つのからくり箱のふた、ゆっくり開く。

父 開いた!!

ナナ、犬、その場に倒れる。

母 チャゴロウ!!
父 ナナ!!

ナナ、犬、動かない。
暗闇の中、どこからか、声だけが聞こえてくる。

父 ナナ！ 聞こえる!? 僕、親になったら、君を見守ってるからね！ 君がどんな冒険したってお前なら乗り越えられる！って僕言うよ！ 君を応援してるからね！
ナナ 父さん！ 母さん！
父 振り向くな！ 振り向いちゃダメだ！ もう、ここには二度と帰ってくるな！ 君は前に進まなきゃ。僕も前に進むから。約束するよ。未来で、君を待ってるよ!!

6

朝。どこかの一軒の家。
ナナ、自分の部屋にいる。
レコードプレイヤーから流れるにぎやかな音を消す。

ナナ　……振り向くな……振り向いちゃダメだ。君は前に進まなきゃ……。

ナナ、鞄を持ち、部屋を出る。
もう一つの部屋。父、母、もめている。

母　新聞読むのか、テレビ見るのか、どっちかにしてよ。
父　両方、両方（と、新聞を読む）。
母　節電だから、テレビ消すね（と、リモコンを押す）。
父　節電だったら、昨日みたいに電話、何時間もしないでよ。
ナナ　いってきます。
母　なに？　もう行くの？
父　お前、今朝はどうしたんだ。なんか変だぞ。
母　あなたの昨日の仮病、うつっちゃったんじゃないの？
父　仮病じゃないって信じてくれよ。
ナナ　これ……開いたの。

ナナ、父にからくり箱を渡す。

父　え!?　開いたの!?（受け取る）やっぱりな！　父さんはな、お前なら、乗り越えられるって応援してたよ。
ナナ　え？
母　なあに？　あ！　これ、懐かしい！（父から受け取り、さわる）
父　大変だったろう、開けるの。難しかっただろ。
ナナ　……勝手に開いたの。……覚えてない？
父　え？
母　あ！　あなた遅刻！
父　え!?　うわあ！　いってきます！

父、リモコンを持って出ていく。

母　リモコン持っていってどうするのよ！　あの人ね、昔から、何か手に持つと、三百メートルを十秒で走ったような計算になるような、速さで、走っちゃうのよ。ナナ、いってらっしゃい。

母、そっとナナの肩に手をおく。

母　（父に）ちょっと！　鞄！

母、父の鞄を持って出ていく。

ナナ　いってきます。

ナナ、家を出る。
犬、庭にいる。

ナナ　（犬に）おはよう。母さん、すぐ戻ってくると思うから、家を頼んだよ。

犬　（ナナを見る）……。

ナナ　チャコ……。

犬　……。

犬、じっとナナを見つめている。

ナナ　いってきます。

ナナ、歩き出すが、立ち止まる。
間。

ナナ　……チャゴロウ。

間。

犬　……。

ナナ、再び、歩き出す。
犬、ナナの背中に向けて、

犬　ワン！

ナナ　!!（立ち止まる）

犬、じっとナナを見つめている。

ナナ、犬の方へ振り返ろうとするが、

犬　ワン‼

ナナ　……（うなずく）振り向くな……！

ナナ、振り向かない。

ナナ　チャコ……！　いってきます！

犬　ワン！　ワン！

ナナ、今までにない速さで、駆けていく。

レコードプレイヤー、そっと静かに動き出す。

誰かが夢をみるたびに、押し入れは、ゆっくり開いていく。

――完――

上演のてびき

森　澄枝

登場人物、ナナが、押し入れに入ったら、不思議な世界に来てしまった。これは過去なのだろうか、それとも夢を見ているのだろうか。

ある子は、この台本を読んで「この子は旅をしているんだ」と言いました。

旅の途中には、きっと、たくさんの人に出会うだろうし、いくつもの感情にもであうでしょう。

ナナが、旅の途中、少年期の父に「君を心から応援しているよ」と言われた時、そして、気がつかなかったわけではないけれど、自分を見守っている人が、たくさんそばにいてくれた。と知った時、どれだけ心の支えになったか計り知れません。

私の思い出の少しずつが台本になっています。

登場人物は、みんな私の大切な存在です。

勇気をくれる父、いつも見守ってくれる母、どんな時にも優しくて、あたたかい祖父母、空が暗くなっても遊んでいた友人、犬は私にとって大切な犬。旅犬は私に信じる力をくれた犬です。

出てくる全てが、私の大切な一部です。

上演されるとして、私はみなさんの力で、たくさんの『父さん母さんありがとさん』に出会える。夢のようなことです。私は何度もナナと一緒に旅をして、何度も夢を見ることができるのです。何度も大切な人に会える。ありがとうございます。

作品を自由に作っていってほしい。

これが、私の思いの全てです。

押し入れも工夫したいところの一つになると思いますが、押し入れは、こんな押し入れでなくてはいけない。どんな場所で、どんなかたちで。と決めていません。

台本を読んで、浮かびあがってくるものがあれば、それをそのまま自由に作っていただきたいと思います。

レコードプレーヤーは、ぜひ調べてみてほしいと思います。どんなふうに音を出すのか。また、ＬＰ盤はどんな形をしているのか。

これは、自由な発想を作り出すためです。

その時に感じたことは、豊かな想像、そして、表現につながっていく。とても重要だと思うのです。

レコードの針を落として、音が流れる前の何秒かのプツプツとした、あたたかい空気のような音が私は好きでした。みなさんは、どう感じるでしょうか。

きっと、押し入れにも、からくり箱にも、ＬＰ盤の溝にも、その人が必要とするところに、夢がつまっている。夢をみようとする人に、夢の入り口は、どこでも開いて待っている。私はそう思います。

「ありがとう」って素敵な言葉ですね。照れくさかったら「ありがとさん」ではどうですか。

心優しい方にお会いすると、その方を心の中で、そっと「ありがとさん」とお呼びしております。私は今まで、たくさんの夢を見て、たくさんのありがとさんに出会いました。

みなさんのそばにも、ありがとさんがたくさんいます。

ヒーロー参上っ!!

吉川泰弘

型破りな超地域密着型ヒーロー登場！
その謎の素顔に弱小新聞部が迫る！
痛快、中学校密着型脚本!!

上演＝東京・杉並区立松ノ木中学校演劇部

［写真＝田代 卓］

登場人物

部長
お嬢
ポンちゃん
トロスケ
おじい
コマちゃん

おばあさん・女の子・金髪の観光客
（「コマちゃん」役が四役兼ねることも可）

ダッシュマン　？？？？

幕が上がる。
舞台、暗転のまま。
舞台中央にスクリーンが置かれている。

部室

「部長」のナレーションと連動してスクリーンにモノクロのスライドが映し出されていく。

スライド① 大荷物を抱え困り果てている買い物帰りのおばあさん。
部長 （スライドを操作する動きをしながら。以下、同じ。）つい買い物をし過ぎてしまい、困っているおばあさんがいれば……。
スライド② 駆けつけたダッシュマン（戦隊もののヒーローのような出で立ち）が荷物を抱え、おばあさんを背中に背負ってダッシュ！
部長 荷物ばかりかおばあさんまで自宅へ運び……。
スライド③ おばあさんとダッシュマンの二ショット。（にっこりVサイン）
部長 おばあさん、大助かり。
スライド④ 泣きじゃくっている子ども。
部長 迷子になって泣いている子がいれば……。
スライド⑤ 駆けつけたダッシュマンが子どもをおんぶしてダッシュ！
部長 瞬く間にお母さんのもとへとその子を届け……。
スライド⑥ 母子とダッシュマンの三ショット。（にっこりVサイン）
部長 親子そろって、大助かり。
スライド⑦ 財布をなくして困り果てている人。
部長 財布をなくして困っている人がいれば……。
スライド⑧ ダッシュマンが財布を届け、二ショット。（にっこりVサイン）
部長 「はい、これどうぞ」と大助かり。
スライド⑨ 互いにそっぽを向いているカップル。
部長 ちょっとしたことでケンカをしてしまったカップルがいれば……。
スライド⑩ ラブラブなカップルと三ショット。（にっこりVサイン）
部長 あっという間にラ～ブラブ☆
スライド⑪ ポーズを決めたダッシュマン。

部長　ご町内のピンチに、どこからともなく颯爽と現れ、スカッと解決してまたどこへともなく去っていく。超地域密着型ヒーロー、人呼んで「ダッシュマン」。

スライド⑫　仮面をかぶったダッシュマンの顔のアップ。

部長　その仮面に隠された素顔を知る者は、誰もいない……。

スライド消え、暗転の状態になる。

部長　ポンちゃん、明かりつけてくれる？

ポンちゃん　はぁい。

舞台に明かりが入る。スクリーン上がる。雑然と資料の積まれた棚、長テーブルにパイプ椅子、雑誌やら機材やらが散らかっている。壁には赤ペンで締切日などが記入されたカレンダー、「整理整頓」、「読まぬなら読ませてみせよう新聞部」「新聞部の使命　その一　真実を探し出す　その二　真実を見極める　その三　真実を伝える」の貼り紙。ここは新聞部の部室。企画会議の真っ最中。

ポンちゃん　よくこれだけ現場を押さえましたよね。

部長　大変だったわよ。カメラ抱えてどんだけ走ったか。

お嬢　（お嬢様風に）すばらしいわ。さすが部長。それにしても、いつ見ても素敵ねぇ、ダッシュマン様。

部長　我々新聞部としては、この超地域密着型ヒーロー「ダッシュマン」の正体を何としても突き止めたい。彼の正体をスクープすれば、我が新聞部の名声は一気に高まるはずである。もうサッカー部やブラバンに馬鹿にされることもなく、廊下の隅をこそこそと歩く必要もない。食堂で堂々とメロンパンを食べることだってできるようになるんだ。諸君、力を合わせて頑張るぞーっ！

お嬢・ポンちゃん　お――っ！

部長　というわけで、何かいい方法、ない？

ポンちゃん　正体不明の謎のヒーロー、か……。

お嬢　あのマスクの下には、どんな素敵な素顔が隠されているのかしら……あぁ、ダッシュマン様ぁ～っ！

トロスケがこそこそと入ってくる。床に置いてあったバケツをひっくり返して動揺する。

部長　遅いよ、トロスケっ！

トロスケ　あ、ご、ごめん。い、家に忘れ物しちゃって、それで、あの……。

ポンちゃん　相変わらずドジですね、トロスケさんは……。

トロスケ　ご、ごめん……。

部長　じゃ、会議続けるわよ。どうしたらいいと思う？

お嬢　実はワタクシ、すごい情報を入手いたしましたの。

ポンちゃん　え？　なんですかなんですか？

お嬢　皆さん、「駄菓子屋のおじいさま」はご存じよね？

部長　駄菓子屋の……って、小学生時代、「店の前で騒ぐなあーっ！」と誰もが一度は怒鳴られた、あの駄菓子屋のおじいっ

お嬢　ええ。

ポンちゃん　やっちゃんイカの当たり外れが、目をつぶって袋に触れただけでわかるという、あの、駄菓子屋のおじいっ⁉

お嬢　そう。

部長　ふがしをお茶に浸してぐにゃぐにゃにして、それをストローでずるずるっと飲むのが何よりの好物という、あの駄菓子屋のおじいっ⁉

お嬢　そうよ。

部長　これまでに七回、

ポンちゃん　死んだという噂が流れた、

部長・ポンちゃん　あの、駄菓子屋のおじいっ⁉

お嬢　（豹変して）だからそうだっつってんだろうが、しつけぇんだよテメエらっ！

部長・ポンちゃん　す、すいません……。で？

お嬢　（戻って）その駄菓子屋のおじいさまがね、ダッシュマン様についての情報をお持ちらしいの。

部長　なんですって！

ポンちゃん　僕たちがこんなに調べ回っても、手掛かり一つつかめなかったっていうのに、おじいがなぜ……？

お嬢　これはあくまでも噂なのですけれど、あのおじいさま、こっそりくじの当たりを教えるのと引き換えに、子どもたちから町の情報を集めてるらしいの。

トロスケ　町の、情報を……？

お嬢　ええ。そのネットワークたるや、いまや情報量に

おいてもスピードにおいてもインターネットを遥かに凌ぎ、つい先日にはアメリカからバイクロ・ソフト社のベル・ゲイツ社長が極秘訪問をして、おじいさまに今後のネット社会のあり方について相談したとか……。

トロスケ　まさか。そんなことあるわけないよ、ねえ、みんな？

部長・ポンちゃん　す、すごい、すごすぎる……。

トロスケ　あれ、百パー信じてる……。

部長　タダ者じゃないとは思ってたけど……。

ポンちゃん　まさか、そこまでとは……。

トロスケ　いや、だからさ……。

部長　で、その駄菓子屋のおじいが……、じゃなかった、おじいさまが、

トロスケ　ねえねえ、あのさ……。

ポンちゃん　いったいどんな情報をご存じあげていらっしゃりますす感じなのでござそうろう？

トロスケ　そんなわけないって……。

お嬢　その、すごすぎるおじいさまが、ね、どうもダッシュマン様の正体をご存じのようなのっ！

部長・ポンちゃん　うぉぉ――――っ！

トロスケ　ちょっと、あの……。

部長　よしっ、今からすぐに取材よっ。ポンちゃん、支度してっ。

ポンちゃん　はいっ。（カメラを首に掛け、機材のバッグを肩に背負う）

トロスケ　いや、だからさ……。

部長　お嬢ももちろん行くよね？

お嬢　（マイクと録音機材を抱えながら）ええ。お伴いたしますわ。

トロスケ　ねえ、あのさ……。

部長　面白くなってきた。行ける？　ポンちゃん。

ポンちゃん　バッチリです！

部長　よし、じゃあ行こっ！　トロスケ、あんた部室の戸締りしてから来るのよっ！

トロスケ　え？　いや、あの……。

部長・ポンちゃん・お嬢、風のように部室を出て行く。
ひとり取り残されるトロスケ。

トロスケ　（浮かない表情で）ヒーローの正体、か……。

おじいの店

部長、お嬢、ポンちゃん、息を切らして「おじいの店」にやってくる。

お嬢　いらっしゃるかしら、おじいさま。
ポンちゃん　お店は開いてますから、奥にいるんじゃないでしょうか？
部長　いてもらわなきゃ困る。（店の奥に向かって）あのーっ、すいませーんっ！

応答なし。

部長　あの――っ‼　すいませ――んっ‼
おじい　（店の奥から。声だけ）なんじゃ。地デジ化ならもう済んどるぞ。
部長　あのーっ、松ノ本中学の新聞部の者ですがーっ、ちょっとお伺いしたいことがあるんですけどーっ。
おじい　（壁の後ろから杖をついてよろよろと出てきて）中学校の新聞部じゃと？　いったいワシになんの用じゃ？あ、どっこいせっと。（縁台に座る）
お嬢　あの、おじいさま。ダッシュマン様、ご存知ですよね？
おじい　……。（何も聞こえていない様子。呆けた表情）
ポンちゃん　（ボリュームを上げて）おじいさん！　ダッシュマンって、知ってる？
おじい　……。（何も聞こえていない様子。呆けた表情）
部長　（さらにボリュームを上げて）お・じ・い・さ・んっ‼ダッシュマンって……。
おじい　（急に機敏に）聞こえとるわっ！
三人　うわぁっ。（三人、ずっこける）
部長　あのですね、アタシたちダッシュマンのことを調べていて、それで、おじいさんに聞けば何か分かるんじゃないかって……。
おじい　ほう。なるほどな。
お嬢　何かご存知でしたら、教えていただきたいのですけれど。
おじい　お主たち、このハイパーネット社会において、まさかタダで情報が手に入れられるなどと思っているわけではあるまいな。
ポンちゃん　え……？　ま、まさか、お金を払えと……。
おじい　（じっとポンちゃんを見つめながら）今日はやっ

ちゃんイカの売れ行きがよくないのぉ。

ポンちゃん　（おじいの意図を理解し、財布からありったけの小銭を取り出して）お、おじいさんっ。やっちゃんイカ、十個くださいっ！

おじい　（やっちゃんイカを手渡しながら、にこやかに）はい、毎度ありぃ。（真顔に戻って、じっとお嬢の顔を見つめながら）そうじゃ、ソースせんべいも、まだずいぶん残っておったのぉ。

お嬢　（財布からお札を取り出し）おじいさま、そのソースせんべいとやらを三十枚ほどお譲りいただけますか？

おじい　（ソースせんべいを手渡しながら、にこやかに）はい、毎度ありぃ。（真顔に戻って、じっと部長の顔を見つめながら）おぉ、そうじゃ、今日はカレーキャラメルが入ったばかりじゃったな。

部長　（お財布を覗きながら）あ、あの、おじいさん……、そのカレーキャラメル……、一つ、ください。

おじい　……。（呆けた表情で固まっている）

お嬢とポンちゃん、部長の両脇を抱えて隅に連れて行く。

ポンちゃん　（小声で）ちょっと、なんですか、「一つ」って。

部長　（小声で）今月ちょっとピンチなのよ。

お嬢　（豹変し、部長の胸ぐらをつかんで）ピンチもペンチもねぇんだよ。テメエ部長だろうが。ケチケチしてやがるとぶっとばすぞ。

部長　（小声で）うぅ〜……、（ヤケクソでおじいにお金を渡しながら）おじいさん、カレーキャラメル二十個くださいっ！

おじい　（カレーキャラメルを渡しながら、にこやかに）はい、毎度ありぃ。

部長　（空っぽの財布を覗きながら）はぁ〜……。

お嬢　それで、おじいさま、お話の続きなのですけれど、ワタクシたちダッシュマン様の……。

おじい　ダッシュマンの正体を探っておるのじゃろ。

部長　さ、さすが、この町の影の支配者。

ポンちゃん　いや、そこまでは言ってなかったと思いますけど……。

部長　え？　そうだっけ？

おじい　知りたいのか、あやつの正体を。

三人　はい。

おじい　どうしても知りたいというのか。
三人　はいっ。
おじい　お主たち、このワシの口から、あやつの正体を聞き出そうというのかっ！
三人　はいっ！
おじい　ふっ、よかろう。聞いて驚くでないぞ。
三人　はいっ！（部長、メモを取る。お嬢、マイクで録音。ポンちゃん、カメラを構える）
おじい　あやつの正体……。
三人　（固唾を飲んで、おじいを見つめる。）
おじい　あやつの正体、それは……。
三人　それは……。
おじい　あやつの正体は……、火星人なんじゃっ!!
三人　え……？
おじい　あやつがこの星にやって来たのは、今から二千年前。そう、まだこの国が土器を使って暮らしていた頃のことじゃ。弥生人たちに稲作を教えたのもあの男。卑弥呼に魔術を授けたのも、聖徳太子に十七条の憲法のアイデアを教えたのも、あの男なんじゃ。それだけではないぞ。源頼朝に鎌倉に幕府を開くよう勧めたのも、徳川幕府を支えてきたのもあの男じゃし、坂本龍馬のモデルとなったのもあの男なんじゃ。

三人、途中から顔を見合わせ、おじいの話に見切りをつけ始める。やがて、こそこそと道具類を片付けて。

部長　（小声で）あの～、どうもありがとうございました～。
ポンちゃん　（小声で）失礼しま～す。
お嬢　（小声で）さようなら～。

三人、おじいの店をそっと立ち去る。熱く語り続けるおじいは三人がいなくなったことにまったく気付かない。三人いなくなった後しばらくして、トロスケがやって来る。誰もいないのに熱弁をふるっているおじいの姿にギョッとする。

おじい　東京タワーや新幹線の建設を指揮し、東京オリンピックを成功させたあの男は、スポーツの世界でも活躍したんじゃ。ある時はカール・ライスとして百メートル走に出場し、またある時はヤワラちゃんとして柔道界に金字塔を打ち立てた。今は西川遼としてゴルフで世界を回りながら、秋元田康という名でAKD47をプロデュースし、また自らも大島敦子としてAKD47の不動のセンターを務めておる。まさにこの国は、あの男によって支えられておるのじゃ。これがあの男、お主らが「ダッシュマン」と呼んでいる男の正体じゃっ。わかったかぁ――――っ‼

おじい、振り向きざまに三人を指差したはずが、そこにはトロスケが。互いに見つめ合ったまま固まって沈黙……。おじい、咳払いして腕をおろす。気まずい空気が流れる。トロスケ、おじいに一礼して慌てて引き返そうとする。

おじい　（トロスケの背中に）お主っ！
トロスケ　（立ち止まり、振り返って）は、はい。
おじい　（何か言いたげに、しばしトロスケを見つめた後）いや、なんでもないわい。（そのまま店の奥に引っ込む）
トロスケ　……。（おじいの去った方にもう一度一礼して、店を後にする）

街角

部長・お嬢・ポンちゃん・トロスケ、物陰に隠れるようにして、通りを見張っている。

【第一日目　晴天】

ポンちゃん　ホントに現れるんですか、ダッシュマン？
部長　大丈夫。アタシを信じなさい。
お嬢　地道な取材ってやつですわね。

両手の大荷物を引きずるようにしながら「困った様子で」歩いてくるおばあさん。

部長　あ、来たっ！
お嬢・ポンちゃん　えっ
部長　見て。見るからに困ってる。
ポンちゃん　うわ、困りまくってますね。
トロスケ　あ、そうだ。僕、歯医者に行かなきゃいけないんだった。
部長　あんたねぇ、この大事な時に……。
トロスケ　ご、ごめんよ。じゃあ、また……。

トロスケ、あいまいにごまかしてその場を立ち去る。初めはおどおど、途中からネクタイをゆるめつつ機敏に走る。

部長　まったく……。

お嬢　（おばあさんを見ながら）おかわいそうに……。でも、本当にいらっしゃるのかしら、ダッシュマン様……。

部長　来る。絶対に来る。新聞部部長としてのアタシの勘に間違いはないっ！

突如鳴り響くテーマ曲。同時にトロスケが去った方向からダッシュマンが颯爽と現れ、ポーズを決める。

ダッシュマン　「困ったあなたのおそばに参上っ。超地域密着型ヒーロー、ダッシュマーンっ!!　しゅまーん、しゅまーん、しゅまーん……」

お嬢　きゃーっ、ダッシュマン様ーっ！（思わず立ち上がる）

部長・ポンちゃん　しぃ――――っ！（お嬢を引っ張る）

成り行きを見守る三人。

ダッシュマン、おばあさんに近づく。

ダッシュマン　おばあさん。

おばあさん　おやまぁ、あんたは……。

ダッシュマン　地域のヒーロー、ダッシュマンです。私が来たからにはもう大丈夫。そんな荷物は私に任せて、さあ、行きましょうっ！

おばあさん　おやおや、済まないねぇ。

ダッシュマン、荷物を軽々と抱え、おばあさんの手を引き、歩いて行く。

部長　よし。追うのよ。

三人うなずき合い、気付かれないように後を追う。おばあさんの手を引き先を行くダッシュマン。そのあとを追う部員たち。そして、

おばあさん　どうもありがとね。助かったわ、ダッシュ

マン。

ダッシュマン　いえいえ、こんなことは朝飯前ですよ。お困りの時はいつでも駆け付けますからね。では、おばあさん、私はこれで。「明日に向かって、ダ――ッシュ!!」

ダッシュマン、ポーズを決めて、駆け出す。

おばあさん　ありがと～。さよ～なら～。

ダッシュマン、ふっと消える。慌てて駆け込んでくる部長たち。

部長　あれ？　どこだ？　どこ行った？

ポンちゃん　たしかにここにいたのに。

お嬢　きっとまだこの辺りにいらっしゃるはずよ。

ポンちゃん　って言われても……。

お嬢　ダッシュマン様ーっ！　ダッシュマン様ーっ！

お嬢とポンちゃん、辺りを探す。諦めた様子の部長。

部長　くっそーっ、逃げられた。みんな、明日もまた放課後ここに集合よ。

ポンちゃん　えぇ～、明日もですか～？

部長　ダッシュマンの正体を突き止めるまでやめないから。わかったわね。

【第二日目　大嵐】

雨合羽を着込み、始めと同じ位置に隠れてる四人。横殴りの暴風雨に必死に耐えている。

ポンちゃん　部長ーっ！

部長　なあにーっ！

ポンちゃん　こんな嵐じゃーっ、ダッシュマンも来ませんよーっ！

部長　来るわよーっ！　ダッシュマンは、雨にも風にも負けないんだからーっ！

お嬢　（よろけながら）と、飛ばされそうですわーっ！

部長　（お嬢の手を取って）しっかりして、お嬢ーっ！

黄色い合羽に赤い長靴、傘を完全に破壊された幼稚園くらいの女の子、泣きながら「困った様子で」歩いてくる。

ポンちゃん　あ、部長ーっ！　女の子がーっ！
お嬢　助けてあげなきゃーっ！
部長　ダメよーっ！　もう少し様子を見るのーっ！
トロスケ　ねえーっ！
部長　なによーっ！
トロスケ　急にーっ！　おなかがーっ！　痛くなっちゃってーっ！
ポンちゃん　大丈夫ですかーっ！
トロスケ　僕ーっ！　ちょっとーっ！　トイレにーっ！　行ってくるーっ！

トロスケ、おなかを押さえながらよろよろとはけていく。

お嬢　一人で大丈夫ーっ？
トロスケ　（身振りで、大丈夫、大丈夫……。途中から合羽を脱ぎつつ機敏に走る。）
部長　放っときなさい、あんな軟弱者ーっ！
女の子　きゃーっ!!（風にあおられ、飛ばされそうになる）

突如鳴り響くテーマ曲。同時にトロスケが去った方向からダッシュマンが颯爽と現れ、ポーズを決める。一切雨風に乱されない動き。

ダッシュマン　「困ったあなたのおそばに参上っ。超地域密着型ヒーロー、ダッシュマーンっ!!　しゅまーん、しゅまーん、しゅまーん……」
ポンちゃん　来たーっ！

成り行きを見守る三人。
ダッシュマン、女の子に近づく。

ダッシュマン　やあ。
女の子　ダッシュマーン。
ダッシュマン　地域のヒーロー、ダッシュマンです。いったいどうしたんだい？
女の子　ママとはぐれちゃったのー。え〜んえんえん……。
ダッシュマン　（女の子の肩に手をのせて）私が来たからに

はもう大丈夫。すぐにママのところに連れて行ってあげるからね。さあ、行こうっ！

女の子　ぐすん、ぐすん、うん。

ダッシュマン、女の子の手を引き、行こうとする。

部長　今だ、行けーっ！

お嬢　ダッシュマン様ーっ！（抱きつこうとするが、するりとかわされ、こける）

ポンちゃん　おりゃーっ！（タックルをしかけるが、するりとかわされ、こける）

部長　と――――っ！（捕まえようとするが、するりとかわされ、こける）

ダッシュマン、そのまま何事もなかったかのように女の子の手を引いてダッシュで立ち去る。

ポンちゃん　くそぉーっ！

部長　追うのよっ！　早くっ！

三人、向かい風に立ち向かうように後を追う。女の子の手を引き先を行くダッシュマン。その後を追う部員たち。

いつの間にか雨はすっかり上がり、空は明るく晴れ渡っている。

女の子　あ、ママーっ！　ありがとーっ。ダッシュマーン。

ダッシュマン　こんなことは朝飯前さ。困った時はいつでも駆け付けるからね。じゃ、私はこれで。「明日に向かって、ダッ――ッシュ!!」（ダッシュマン、ポーズを決めて、駆け出す）

女の子　ありがとー、ダッシュマーン、ありがとーっ！

ダッシュマン、ふっと消える。慌てて駆け込んでくる部長たち。

部長　あれ？　どこだ？　どこ行った？

ポンちゃん　たしかにここにいたのに。

お嬢　まだきっとこの辺りにいらっしゃるはずよ。

ポンちゃん　って言われても……。

お嬢　ダッシュマン様ーっ！　ダッシュマン様ーっ！

三人、辺りを探す。
ダッシュマンが消えたあたりから、トロスケが歩いてくる。片手には合羽をぶら下げている。

ポンちゃん　あ、トロスケさん。
トロスケ　や、やあ。
お嬢　おなかは大丈夫ですの？
トロスケ　う、うん。なんとか……。
部長　ねえ、トロスケ。ダッシュマン見なかった？　今ここにいたんだけど。
トロスケ　え？　い、いや、僕、ずっとトイレにいたから……。
部長　もうっ、役に立たないんだからっ！
トロスケ　ご、ごめん……。
部長　くっそーっ　また逃げられた。みんな、明日もまた放課後ここに集合よ。
ポンちゃん　えぇ～、明日もですか～？
部長　ダッシュマンの正体を突き止めるまでやめないから。わかったわね。

【第三日目　晴天】

同じ場所。部長、お嬢、ポンちゃん、力なく歩いてくる。

お嬢　はぁ……、ダッシュマン様～……。
部長　あれ？　トロスケは？
ポンちゃん　あぁ、今日は塾があるからって、さっき帰りましたよ。
部長　まったく……。

前から金髪の女性が、地図を片手にキョロキョロしながら歩いてくる。

金髪　エクスキューズ　ミー。
部長　えっ　い、いや、ど、どーもー。（慌ててポンちゃんの後ろに回り込む）
金髪　アー　ニューコーエンジ　ステーション　ドウ行キマスカ？
ポンちゃん　は、はろー、さんきゅー、さんきゅー。（慌ててお嬢の後ろに回り込む）
金髪　ノー　ノー　ノー　ニューコーエンジステーショ

ンドウ行キマスカ？
お嬢　あ、あ、あいあむあ　す、すちゅーでんと。あ、あいらいく　て、て、てにす。
金髪　ノー　ノー　ノー　ニューコーエンジステーションドウ行キマスカ？（三人に詰め寄りながら聞き続ける）
お嬢　ちょ、ちょっと、部長、助けてよ。
部長　そ、そんなこと言われても、ちょっと、ポンちゃん。
ポンちゃん　なんで僕が？　二人とも三年生でしょ？
お嬢　英語に学年なんて関係ないのよっ。
ポンちゃん　大アリですよっ！
三人　誰かーっ！　誰か助けてーっ！

突如鳴り響くテーマ曲。同時にダッシュマンが颯爽と現れ、ポーズを決める。

ダッシュマン　「困ったあなたのおそばに参上っ。超地域密着型ヒーロー、ダッシュマーンっ!!　しゅまーん、しゅまーん、しゅまーん……」
部長　あっ！
お嬢　ダッシュマン様ーっ！
ダッシュマン　どうも。地域のヒーロー、ダッシュマンです。いったいどうしたんだい？
お嬢　（緊張して喋れない）あ、あの、あの、あの……。
ポンちゃん　こ、こちらの女性が、困っているようなんですけど……。
部長　アタシたち、英語分からなくて……。
ダッシュマン　なんだ、そんなことかい。私が来たからにはもう大丈夫。安心したまえ。（ダッシュマン、女性に向き直る）
金髪　オー　ユー　ベリー　クーーーーールっ。
ダッシュマン　はっはっはっ、ありがとう。ところで、ホワットどうなさいました？
金髪　オー　ニューコーエンジ　ステーション　ドウ行キマスカ？
ダッシュマン　ああ、新高円寺駅ですね。それなら、あそこの角をライトにターンして、二つめのシグナルをレフトにターン、そのまま五十メートルほどストレートにウォークしたところですよ。
金髪　オー　アリガト　サンキュー。
ダッシュマン　いえいえ、こんなことビフォーブレックファースト、朝・飯・前、ですよ。
金髪 バーイ。（手を振りながら歩いて行く）
ダッシュマン ニッポンヲ楽シンデクダサーイ。フジヤマ・ゲイシャ・スシ・シンカンセーン！（手を振って見送る。）
三人 か、かっこいい～……。
ダッシュマン （三人に向き直り）さあ、これで解決だね。それじゃ、私は行くよ。「明日に向かって～っ……」
（ダッシュマン、去ろうとする）
部長 あ、あのっ ダッシュマンさんっ！

ダッシュマン、立ち止まる。

部長 アタシたち、松ノ本中学の新聞部なんですけど、ちょっとだけ、取材、させてもらえませんか？

ダッシュマン、ゆっくりと振り返る。怒られるかもと、びくびくする三人。

ダッシュマン オーケー。た・だ・し、ほんのちょっとだけだぞ。

三人 やったーっ！（慌ててメモやらカメラやらマイクやらを準備）
部長 じゃ、じゃあ、お願いします。えっと、ダッシュマンさんは一体何者なんですか？
ダッシュマン それは、内緒さ。
お嬢 内緒……、どうして内緒なんですか？
ダッシュマン 子どもたちの夢を壊したくないからね。
部長 （メモを取りながら）子ども、たちの、夢、を、壊したく、ない、から……と。
ポンちゃん （カメラを構えながら）うおーっ、しびれるーっ！ じゃあじゃあ、ヒーローとして活躍するようになったきっかけはなんなんですか？
ダッシュマン 僕は、小さい頃に、自転車に乗っていて転んで頭を打ったんだ。その時、近所のおばさんが、応急処置をしてくれて、救急車を呼んでくれた。あとでお医者さんに、「もしも応急処置をしてもらっていなかったら、命にかかわっていた」と言われたんだ。怪我が治って退院した僕は、心に決めたんだ。この、助けられた命を、困っている人のために使うんだ、困っている人のために、この命を使うんだって。
お嬢 なんて素敵なの……。

部長　えっと、じゃあ、好きな食べ物は？

ダッシュマン　カレーライス！　中辛でね。

部長　（書き込みながら）カレーライス、と。じゃあ、嫌いな食べ物は？

ダッシュマン　プチトマト……。

部長　（書き込みながら）プチトマト、と。

ポンちゃん　意外と庶民的なんですね。

ダッシュマン　いやあ、はっはっはっはっ。

お嬢　あの……、好きな女性のタイプは？

ダッシュマン　それはやっぱり、髪がこう……はっ！

（ダッシュマン、はっと真剣モードに切り替わる）

お嬢　えっ？

ポンちゃん　どうかしたの、ダッシュマン？

ダッシュマン　あっちで、誰かが困ってる。行かねば。

部長　出動？

ダッシュマン　ああ。では、さらば！「明日に向かって、ダ——ッシュ‼」（ひとつポーズを決めてから、ダッシュマン、ダッシュで風のように去る）

お嬢　あ、ダッシュマン様っ！　ダッシュマン様——っ‼

部長・ポンちゃん　かっこいい————っ‼

お嬢　……あ〜あ、せっかくお話できたのに……。

ポンちゃん　（お嬢の肩をぽんと叩きながら）大丈夫。また会えますよ。

お嬢　そうね、そうよね。

部長　おっしゃあ、早速学校に戻って、新聞作るぞーっ‼

お嬢・ポンちゃん　おお——っ‼

三人、元気に走り去る。誰もいなくなった空間に、おじいが杖をつきながらよたよたと歩いてくる。
おじい、三人の背中を見送り、そしてダッシュマンの去った方をじっと見つめる。そしていきなり。

おじい　とうっ‼（ものすごく機敏な動きでダッシュマンが去った方へと走り去る。）

部室

お嬢、イスに座って出来上がった新聞を眺めている。トロスケ、散らかった書類などを片付けている。

お嬢 はぁ〜、ダッシュマン様、ス・テ・キ……。

部長がドタドタと駆け込んでくる。

部長 みんなーっ！ 大変よーっ！

お嬢 何よ、どうしたの？

部長 (ぜいぜい息を切らせながら)追加……、二〇〇……、印刷……。

トロスケ え？ なに？ よくわかんないよ。

部長 新聞っ、追加で二〇〇部印刷よっ‼

お嬢・トロスケ ええ——っ⁉

部長 すごいよすごいよ、学校の中だけじゃなく、商店街の人たちまで、新聞くれ新聞くれって。こんなこと、新聞部始まって以来の快挙だわ。

部長・お嬢、ダイナミックに喜びを表現。その周りをうろうろしながら、トロスケも喜んでいる。輪に入りたいが入りそびれている。

お嬢 (半泣きで)いつも、紙飛行機になって空を舞っていたり、汚れた上履きを持って帰る時の包み紙として使われていたワタクシたちの新聞を……。

部長 (半泣きで)叩いたゴキブリを捨てる時や、床でつぶれたニンジンを捨てる時にしか使われていなかったアタシたちの新聞を……。

部長・お嬢 みんなが読んでる——っ‼

部長 これでもう、サッカー部のやつらにボールぶつけられることもないっ！

お嬢 ブラスバンドの方々にいきなりトランペットで殴られることもなくなるのねっ！

部長 顔を隠しながら廊下をこそこそ歩かなくてもいいっ！

お嬢 食堂で、堂々とメロンパン食べてもいいのねっ！

部長・お嬢 ひゃっほ——っ‼ (互いの手を取ってくるくるとスキップで回りながら)

部長・お嬢・トロスケ (トロスケも輪に入り三人で)♪会っちゃった〜、ダッシュマンに会っちゃった〜‼

ケタケタと笑いながら回り続ける三人。部長がふっとその流れを止める。

部長　ちょっと待って。

トロスケ　（一人で小さく踊りながら小声で）会っちゃった～、ダッシュマンに会っちゃった～。（歌続け踊り続けている）

お嬢　どうしたの？

部長　ちょっと、トロスケ。

トロスケ　（踊りを途中で中断されて）え？　なに？

部長　アンタ、なんっっっっっにもしてないじゃない。

トロスケ　え……？

お嬢　そう言われてみれば……。

トロスケ　え？　なになに？

部長　アンタ、新聞部の一員としてなんっにも働いてないじゃないって言ってるの。

お嬢　そうよねぇ。

トロスケ　そ、そんな、僕だってちゃんと……。

部長　ちゃんと何した？

お嬢　取材の時も、いっつもいないし。

トロスケ　いや、それはたまたま……。

部長　バケツはひっくり返す。

お嬢　原稿の文字は間違える。

部長　写真はピンボケ。

お嬢　会議には遅刻。

トロスケ　……。

部長　アンタも、たまには役に立つとこ、見せなさいよね。

お嬢　そうそう。

トロスケ　（一瞬真剣な表情。強い口調で）ホントはね、僕は……。

　　そこへポンちゃんが部室の入り口から顔だけ出して。

ポンちゃん　あ、あの～。

部長　ああ、ポンちゃん。今から新聞増刷よっ！　手伝って。

ポンちゃん　あ、はい。その前に、あの……。

お嬢　え？　どうかしたの？

ポンちゃん　えっと、あの、その……。

　　ポンちゃんがもじもじしていると、その後ろからポンちゃんを押しのけて女の子が一人飛び込んでくる。

コマちゃん　（必要以上に元気に）こんにちはっ。一年B組の川井駒子ですっ。新聞部に入部させていただきたくてやってまいりましたっ。ふつつか者ですが、一生懸命がんばりますので、どうぞよろしくお願いしますっ。（深々と頭を下げる）

部長・お嬢 し、新入部員っ!?

コマちゃん はいっ。コマちゃんって呼んでくださいっ！

部長 （急に威厳を持って）アナタが思ってる以上に、厳しい世界よ。途中で弱音吐かずについて来られる？

コマちゃん はいっ。本田先輩といっしょなら、大丈夫ですっ。（ポンちゃんと腕を組む）

お嬢 本田……先輩、って、ポンちゃんが？

コマちゃん はいっ。

部長 ん？

部長とお嬢、ポンちゃんに目で説明を求める。

ポンちゃん い、いや、あの、僕は、別に、そういう……。

コマちゃん よろしくお願いしますっ！（再び深々と頭を下げる）うふっ。（ポンちゃんを見つめる）

ポンちゃん ま、参ったなぁ～……。

部長 （お嬢と顔を見合せながら）ダッシュマン効果……。

部長・お嬢 恐るべし……。

そこへ、駄菓子屋のおじいが杖をつきよたよたと入ってくる。

ポンちゃん あ、駄菓子屋の……。

部長 こ、この前はスミマセンでした。アタシたち、急に用事が入っちゃって……。

おじい ……。（何も耳に入らない様子。トロスケだけを見つめ、まっすぐに近づいていく）

お嬢 あの……、おじいさま？

部員たち、呆然とおじいの様子を見守る。トロスケだけが一人、緊張した面持ち。おじい、黙ってトロスケの目の前に立つ。沈黙の中、見つめ合う二人。

おじい （いきなり）どぅりゃーっ!!（杖を振り上げ、トロスケに殴りかかる）

トロスケ うわぁーっ!!（尻もちをつきながら避ける）

おじい　どぅりゃーっ‼（殴りかかる）
コマちゃん　きゃーっ！
トロスケ　な、なになにっ？（避けながら）
ポンちゃん　トロスケさんっ！
おじい　どぅりゃーっ‼（殴りかかる）
お嬢　大丈夫っ？
トロスケ　ちょ、ちょっと待ってて‼（避ける）
部長　ちょっと、なんなのよっ！

部長、おじいとトロスケの間に入る。他の三人はトロスケのもとへ。
しばしの沈黙。おじい、何事もなかったかのように、よたよたと部室を出て行く。取り残され、呆然としている部員たち。

部長　（ふと我に返って）ちょっと、大丈夫、トロスケ？
トロスケ　う、うん……。
ポンちゃん　なんなんですか、いったい？
お嬢　おじいさまと、何かあったの？
トロスケ　い、いや、別に、何も……。
ポンちゃん　僕、先生に言ってきますっ！
トロスケ　いいんだ！　大丈夫、ケガもしてないし。
部長　でも、このままってわけには……。
トロスケ　ホントにいいんだ。
お嬢　そうね、あまり関わらないようにした方がいいかもしれないわね。
トロスケ　そんなことより、新聞、印刷しなきゃ。
部長　そうだ、忘れてたっ！　お嬢、印刷室確保しといてっ！
お嬢　了解っ！（部室から駈け出していく）
部長　ポンちゃんは、事務室から印刷用紙もらってきてっ！
ポンちゃん　はいっ！（部室から駈け出していく）
コマちゃん　あ、本田先輩っ、あたしも行きますっ！（後を追う）
部長　（トロスケに）先に行ってるわよ！（駈け出していく）
トロスケ　え？　あ、うん……。

一人取り残されるトロスケ。ゆっくりと立ち上がり、

トロスケ　いったい、どうして……。（トロスケ、重い足取りで部室を出て行く）

部室

数日後。談笑している部員たち。

部長 でさ、新聞のこと、ダッシュマンに伝えたんだ。
コマちゃん そうしたら?
部長 「僕もこの町のために頑張るから、君たちも頑張るんだよ」って。
コマちゃん へぇ～。
お嬢 きゃーっ! もう、ダッシュマン様ったら、サイコ——っ!!
トロスケ 正義のヒーロー、か……。
部長 ん? なんか言った、トロスケ?
トロスケ え? ううん、なんにも……。
コマちゃん 独り言ばっかり言ってると、友達できませんよ、トロスケ先輩。
トロスケ い、いやぁ……。
部長・お嬢・コマちゃん あははははは……。

ポンちゃん、カメラを抱えて駆け込んでくる。

ポンちゃん 大変だー、大変だーっ!
コマちゃん (ポンちゃんに駆け寄って) どうしたんですか、本田先輩?
ポンちゃん (息を切らしながら) ダッシュマンが……、ダッシュマンが……。
お嬢 ダッシュマン様が、どうかなさったの?
ポンちゃん ダッシュマンが、町の人たちを困らせてるんだ。
一同 は?
部長 ちょっと、何言ってんのよ、ポンちゃん。
お嬢 (ポンちゃんの胸ぐらをつかんで) テメエ、適当なことぬかしやがると、足の指、全部深爪にすんぞ、このやろーっ!
ポンちゃん ひぃぃ～、ちゃ、ちゃんと証拠が……。
お嬢 (手を放して) 証拠?
ポンちゃん トロスケさん、すいません、ちょっとスクリーン出してくれますか?
トロスケ う、うん。(トロスケ、スクリーンをセットする)
ポンちゃん コマちゃん、明かり消してくれる?

コマちゃん　はい。

コマちゃんが壁のスイッチを押すと、明かりが消える。
スクリーンに明かりが入る。

ポンちゃん　ちょっとコレ見てください。
スライド⑬　町を歩くサラリーマン風の男性。
部長　この人は？　何も困ってなさそうだけど。
ポンちゃん　はい。そこへダッシュマンが現れて……。
スライド⑭　駆けつけたダッシュマン、男性のかつらを外してダッシュ。
コマちゃん　あ……。
部長・お嬢　かつら……。
ポンちゃん　はい。この人、ショックでさらに抜け毛が増えたそうです。
部長　そんな……。
ポンちゃん　次です。
スライド⑮　子どもがアンパンマンの絵を見せている。
お嬢　アンパンマンね。上手に描けてる。
ポンちゃん　はい。ところがそこへダッシュマンが現れて…
スライド⑯　駆けつけたダッシュマン、アンパンマンの顔の部分だけをムンクの「叫び」に描き変えてダッシュ。
コマちゃん　きゃあっ！
部長　こ、これは……。
部長・お嬢・コマちゃん　ムンクの「叫び」……。
ポンちゃん　はい。この子、それ以来アンパンマンを見ると泣き出してしまうそうです。
コマちゃん　かわいそう……。
ポンちゃん　まだあります。駅前のファミレスで撮った写真です。
スライド⑰　ダッシュマン、テーブルでジュースを飲んでいる。
コマちゃん　ダッシュマン、休憩中？
ポンちゃん　いや、そうじゃないんだ。
スライド⑱　ダッシュマン、ジュースを飲んでいる。テーブルにはぎっしりと空のコップやグラスが並ぶ。
部長　ま、まさか……。
ポンちゃん　その、まさか、です。
部長・お嬢・コマちゃん　ドリンクバーオンリーで、開店から閉店まで粘るパターン……。

ポンちゃん　はい……。

ポンちゃん、スクリーンをしまい、壁のスイッチを押す。部屋に明かりが入る。
沈黙……。部室全体が重苦しい空気に包まれている。

お嬢　な、何かの間違いよ。ダッシュマン様がこんなことするわけないっ!
ポンちゃん　僕だって噂を聞いた時には「まさか」って思いましたよ。でも、これだけ証拠が……。
トロスケ　いないんだよ……。
一同　え?
トロスケ　ヒーローなんていないんだよ。
部長　ちょっと、トロスケ、何を言って……。
トロスケ　この世にヒーローなんて存在しないんだ。ダッシュマンだって、僕らとおんなじなんだよ。失敗もすれば、悪いことだってするってことさ。
お嬢　そんなことないっ! ダッシュマン様は悪いことなんてしないっ!
トロスケ　じゃあ、ポンちゃんが撮ってきた写真はどう説明するんだよ? 動かぬ証拠じゃないか。

コマちゃん　でも、もしかしたら、何かの間違いってことも……。
ポンちゃん　え? なに? コマちゃん、僕のこと信用してくれないの?
コマちゃん　違います。私は本田先輩のこと信じてます。信じてますけど……。

一同、しばし沈黙……。

部長　ねえ。アタシたちは、何部?
一同　え……?
部長　アタシたちは「新聞部」よね。新聞部の使命は何?
お嬢　真実を探し出し……。
ポンちゃん　真実を見極め……。
コマちゃん　真実を伝える……。
部長　そう。それで? 今アタシたちがやらなきゃいけないことは?

全員、「そうか!」と活気づく。トロスケだけ沈んだ表情。

部長　とにかく取材よ。何が真実なのか、アタシたちが突き止めるのよっ！
お嬢　うんっ！
ポンちゃん・コマちゃん　はいっ！
部長　よし。出動っ！
一同　おーっ‼

一同、それぞれ機材や道具を手に部室を駆け出していく。
最後にトロスケ、しばし何か考えた後、みんなの後を追う。

街角

中央にトロスケ以外の四人。

部長　あれ？　トロスケは？
お嬢　そういえば……。
ポンちゃん　部室を出る時は一緒だった気がしますけど……。
部長　ったく、どこまでトロいのよ、アイツ。
お嬢　後から来るわよ。そんなことより……。
部長　あぁ、じゃあ、コマちゃん。打ち合わせ通りに頼むわよ。
コマちゃん　はい、任せてください。
ポンちゃん　大丈夫？
コマちゃん　本田先輩、アタシのこと、心配してくれるんですか？
ポンちゃん　いや、まあ、心配っていうか何ていうか……。
コマちゃん　うれしーっ。アタシ、一生懸命がんばりますからっ。（ポンちゃんの手を握る）
ポンちゃん　う、うん。頑張ってね。
コマちゃん　はいっ。
部長・お嬢　コホン。（咳払い）
ポンちゃん・コマちゃん　え？
部長　お取り込み中のところ、申し訳ないんだけど……。
お嬢　（ドスを効かせて）イチャイチャすんのは後にしてくんねぇかな。
ポンちゃん・コマちゃん　す、すいません……。

部長　まったく……。じゃ、作戦開始っ！
一同　はいっ！
　コマちゃん、いったんその場を立ち去る。
　残り三人、物陰に潜みカメラやマイクを構える。
部長　（奥にいるコマちゃんに向かって小声で）コマちゃ〜ん、いいよ〜。
　コマちゃん、わざとらしく「何気ない風」を装いながら歩いてくる。
コマちゃん　♪あっるっこ〜　あっるっこ〜わたしは〜コマちゃ〜ん　るるるる〜　るるるる〜。あっ……（何もないのにつまづき転びかける。以下、大袈裟に）いっけな〜い、コンタクト落としちゃった〜。（地面をキョロキョロと探し回りながら、遠くまで聞こえるよう意識した声で）どうしましょ〜、コンタクト落としちゃった〜、困ったわ〜。
　突如鳴り響くテーマ曲。ダッシュマンが颯爽と現れ、ポーズを決める。
ダッシュマン　「困ったあなたのおそばに参上っ。超地域密着型ヒーロー、ダッシュマーンっ　しゅまーん、しゅまーん、しゅまーん……‼」
　隠れている三人、緊張して成り行きを見守る。
コマちゃん　（わざとらしい演技で）あ〜っ、ダッシュマンっ。
ダッシュマン　どうしました、お嬢さん？
コマちゃん　あのね、コンタクトを落としてしまったの……。
ダッシュマン　コンタクトを？　それは大変だ。
コマちゃん　お願い、ダッシュマン。一緒にコンタクト探して。
ダッシュマン　よーし、わかった。ダッシュマンに任せたまえっ！
コマちゃん　ありがとー、ダッシュマンっ。
ダッシュマン　おおおおおりゃあああああーっ
　（ダッシュマン、猛烈な勢いでドタドタと走り回りながらコン

タクトを探す）

コマちゃん　や、やめてぇ〜っ！　そんなに動き回ったらコンタクトが……あっ！（固まる）

ダッシュマン　（同時に）あっ！（固まる）

ダッシュマン、そ〜っと着いていた足を上げる。その場所を覗き込むコマちゃん。

コマちゃん　コ、コンタクトが……。

ダッシュマン　コンタクト、見つかって良かったね。はっはっはっ。じゃあ、ワタシはこれで。「明日に向かって〜……」

ダッシュマン、ポーズを決めて去ろうとする。隠れて見守っていた三人、飛び出して行こうとする。その時……、突如鳴り響くテーマ曲。「もう一人のダッシュマン」が颯爽と現れ、ポーズを決める。

ダッシュ2　「困ったあなたのおそばに参上っ。超地域密着型ヒーロー、ダッシュマーンっ!!　しゅまーん、しゅまーん、しゅまーん……」

部長　あ、あれは……。

お嬢　ダッシュマン様が……。

ポンちゃん・コマちゃん　二人〜っ!?

部長　いったい、どういうこと？

二人のダッシュマンに挟まれる部員たち。

ダッシュ2　おい、ニセモノ。お前はいったい誰だ？

ダッシュ1　お前こそ、ニセモノだ。本物のダッシュマンは私だ。

ダッシュ2　その仮面をはがし、お前の正体を暴いてやる。

ダッシュ1　やれるものならやってみろ。正義は必ず勝つのだ。

ダッシュ2　行くぞっ。とぉーっ！（ダッシュ1につかみかかっていく）

ダッシュ1　来いっ、ニセダッシュマンめっ！（ダッシュ2を受け止める）

二人のダッシュマンの「壮絶なバトル」。上になったり下になったり回ったりするうちに、見ている部員たちは、どっちがどっちだかわからなくなる。

ダッシュ2　とおっ！
お嬢　ダッシュマン様ーっ、しっかりーっ！
ダッシュ1　おりゃあっ！
ポンちゃん　で、でも、どっちのダッシュマンを応援すれば？
ダッシュ2　させるかっ！
お嬢　うるさいっ！
ダッシュ1　甘いぞっ！
部長　頑張れ、本物ーっ！
ダッシュ2　ふんっ！
コマちゃん　本物、負けるなーっ！
ダッシュ1　くらえっ！
お嬢　ダッシュマン様――っ!!
ダッシュ1・2　でいやーっ！
四人　あっ……。

突き飛ばした勢いでダッシュマン1・2両サイドに離れる。

ダッシュ1・2　はぁ、はぁ、はぁ、はぁ、はぁ……（肩で息をしている二人。呼吸を整え、同時に最終攻撃のポーズをとって）ダッシュマ―――ン、スパ―――クっ!!

しばらく互角のエネルギー波、そして、互いに同時に吹き飛ばされる。

ダッシュ1・2　ぬおおおおお―――っ！　ぬぅわぁ―――っ!!（もんどりうって倒れる）
お嬢　（目を覆って）きゃあ―――っ！
部長・ポンちゃん・コマちゃん　ダッシュマンっっ！

よろよろと立ち上がる二人のダッシュマン。
肩で息をしながら、しばしにらみ合い。

ダッシュ1・2　はぁ、はぁ、はぁ、はぁ、はぁ……とうっ!!（それぞれ反対の方向へとダッシュで走り去る）

取り残された四人、呆然とたたずんでいる…。

コマちゃん　ダッシュマンが、二人……。

ポンちゃん　つまり、本物とニセモノがいて、みんなに迷惑をかけているのはニセモノの方……。
お嬢　ワタクシのダッシュマン様のニセモノだなんて、許せない。
部長　でも、これで、アタシたちのやるべきことははっきりしたわね。
ポンちゃん　ニセダッシュマンの正体を暴いて……。
コマちゃん　真実を明らかにする。
お嬢　そして、ダッシュマン様の汚名を晴らす。
部長　うん。
コマちゃん　でも、どうやって……？
ポンちゃん　さっきみたいなことになったら、どっちがどっちだか……。
お嬢　そうよ。このワタクシでさえ、見分けがつかなかったのよ？
一同　う～ん……。
部長　そうだっ！　こういうのはどう？

部長、小声でみんなに作戦を伝える。部員たち、うなずきながら聞いている。

ポンちゃん　なるほど。それで？
部長　でね、そうなったら……。

再び小声に。部員たち、うなずきながら聞いている。

お嬢　でも、誰がそれを？
部長　それはもちろん……。

再び小声に。部員たち、うなずきながら聞いている。
作戦会議、終了。全員、使命感に燃えている。

部長　決行は明日。いいわね？
お嬢　うんっ。
コマちゃん　あの……、トロスケさんには…？
部長　アイツは戦力外。どうせ明日も歯医者だとかなんとか言って来ないに決まってるもん。
ポンちゃん　でも、やっぱり……。
部長　いいの。もう決めたの。今ここにいるこの四人で、ダッシュマンの危機を救うのよ。分かった？

全員、うなずく。

部長　じゃあ、各自しっかり準備しておくこと。お嬢、よろしくね。
お嬢　任せといて。

四人、うなづき合い、解散。それぞれの方向に散っていく。

街角

部長、車椅子を押してやってくる。車椅子に乗っているのはお嬢。右足はギプスで固定されている。

部長　大丈夫、お嬢？
お嬢　ええ。この大事な時に、こんなことになってしまってごめんなさい。
部長　しょうがないよ。お嬢が悪いわけじゃないんだからさ。あとはアタシたちに任せといて。
お嬢　うん。ありがとう。
部長　にしてもトロスケのヤツ。こんな時こそ名誉挽回のチャンスなのに、どこ行っちゃったのかしらね。
お嬢　部長の言った通りだったわね。戦力外って。
部長　まったく……。（車椅子を止めて）なんかノド乾いちゃった。飲み物買ってくるけど、お嬢もいる？
お嬢　あ、じゃあ、お願いしますわ。
部長　ん。冷たいミルクティーだよね？
お嬢　さすが、つきあい長い。
部長　まあね。じゃあ、ちょっと待ってて。
お嬢　うん。気をつけてね。
部長　はぁい。（部長、小走りで去っていく）

一人取り残されるお嬢。ケータイを取り出しメールをチェック。途中、手を滑らせてケータイを落としてしまう。

お嬢　あ……。（懸命に腕を伸ばしてケータイを拾おうとするが、届かない。ちょっと位置を変えて腕を伸ばすが、やはり届かない……）

突如鳴り響くテーマ曲。同時にダッシュマンが颯爽と現れ、ポーズを決める。

ダッシュマン　「困ったあなたのおそばに参上っ。超地域密着型ヒーロー、ダッシュマーンっ!!　しゅまーん、しゅまーん、しゅまーん……」

お嬢　あ、ダッシュマン様っ！

ダッシュマン　やあ、地域のヒーロー、ダッシュマンです。どうしました？

お嬢　ケータイを落としてしまって……。

ダッシュマン　そうでしたか。（さっと拾って）はい、どうぞ。（と渡そうとする）

お嬢　ありがとうございます、ダッシュマン様っ！（受け取ろうと手を差し出す）

ダッシュマン　（ギリギリのところで）おっと、その前に。ピポパ、ピピポピ、ポポピポパ。（ケータイを渡さずすごいスピードでボタンを操作してから）はい、どうぞ。（渡す）

お嬢　あ、ありがとうございます。あの……、いま、何を……？

ダッシュマン　出会い系サイトに登録しておいたよ。今日から君のケータイには、じゃんっじゃんメールが入るからね。素敵な出会いが君を待ってるよ。じゃ、私はこれで。「明日に向かって〜……」

お嬢　みんなーっ！　ニセモノよ——っ!!

壁の裏に隠れていた部長・ポンちゃん・コマちゃんが飛び出し、ニセモノを取り囲む。

部長　大丈夫、お嬢？

お嬢　ワタクシは大丈夫よ。それよりニセモノを逃がしちゃダメよ。

コマちゃん　え——いっ！（ダッシュマンにつかみかかるが軽くかわされ、叩かれ、コケる）痛っ！

ポンちゃん　コマちゃん、大丈夫？　くっそーっ、この——っ！（同前）うげっ！

部長　ポンちゃん！　逃がさないわよ。おりゃぁ——っ！（同前）どひゃっ！

三人、口ぐちに痛みを訴える。ダッシュマン、得意気に立っている。

お嬢　みんな、大丈夫？（空に向かって）ダッシュマン様ぁーっ！　本物のダッシュマン様ぁ——っ!!　お願い、助けて——っ!!

突如鳴り響くテーマ曲。「もう一人のダッシュマン」が颯爽と現れ、ポーズを決める。

ダッシュ2　「困ったあなたのおそばに参上っ。超地域密着型ヒーロー、ダッシュマーンっ!!　しゅまーん、しゅまーん、しゅまーん……」
お嬢　ダッシュマン様ぁ……。
ダッシュ2　おい、ニセモノ。お前はいったい誰だ?
ダッシュ1　お前こそ、ニセモノだ。本物のダッシュマンは私だ。
ダッシュ2　その仮面をはがし、お前の正体を暴いてやる。
ダッシュ1　やれるものならやってみろ。正義は必ず勝つのだ。
ダッシュ2　行くぞっ。とぉーっ！（ダッシュ1につかみかかっていく）
ダッシュ1　来いっ、ニセダッシュマンめっ！（ダッシュ2を受け止める）

二人のダッシュマンの「壮絶なバトル」。上になったり下になったり回ったりするうちに、見ている部員たちは、どっちがどっちだかわからなくなる。

ダッシュ2　とおっ！
お嬢　本物のダッシュマン様ーっ、しっかりーっ！
ダッシュ1　おりゃあっ！
ポンちゃん　ダメだ、もうどっちがどっちかわからない。
ダッシュ2　させるかっ！
コマちゃん　私もですーっ。
ダッシュ1　甘いぞっ！
部長　頑張れ、本物ーっ！
ダッシュ2　ふんっ！
コマちゃん　本物、負けるなーっ！
ダッシュ1　くらえっ！
お嬢　ダッシュマン様――っ!!
ダッシュ1・2　でいやーっ!!
四人　あっ……。

突き飛ばした勢いでダッシュマン1・2両サイドに離れる。

ダッシュ1・2　はぁ、はぁ、はぁ、はぁ、はぁ……（肩で息をしている二人。呼吸を整え、最終攻撃のポーズをとって）ダッシュマ――――ン……。

お嬢　ダッシュマン様ぁーっ！　きゃあっ！

お嬢、身を乗り出したはずみで車椅子から転げ落ちる。

部長　お嬢っ！

ダッシュ2、お嬢に気づき、慌てて駆け寄って、抱きかかえる。ダッシュ1はダッシュマン・スパークの構えのまま。その一瞬。

部長　（ダッシュ1を指差し）みんな、アイツがニセモノよ。行けーっ！

部長・ポンちゃん・コマちゃんの三人、一斉にダッシュ1に飛びかかる。腕や足を抑えられ、身動きできないダッシュ1。

ポンちゃん　捕まえたぞ、ニセモノっ！

コマちゃん　観念しなさいっ！

部長　お嬢、仕上げよ。

お嬢　うん。

お嬢、すくっと立ち上がる。驚くダッシュ1とダッシュ2。

お嬢　（ダッシュ2の手を両手で握り）助けていただいてありがとうございます、ダッシュマン様。ウソついてしまってごめんなさい。でも、こうするしかなかったんです。

お嬢、ダッシュ2の手を放し、まっすぐにダッシュ1に向かって歩き、目の前で止まる。

お嬢　さあ、ニセダッシュマン。覚悟はいい？　あなたが何者なのか、松ノ本中学校新聞部が暴いてあげるっ！

お嬢、ダッシュ1のマスクを勢いよく外す。

現れた顔に一同、息をのむ。その顔は、トロスケ……。
捕まえていた三人の手が自然に放される。
ダッシュ2、静かに事の成り行きを見守っている。

ポンちゃん　ト、トロスケさん……。
コマちゃん　なんで先輩が……。
お嬢　いったいなんの冗談？
トロスケ　冗談じゃないよ。僕がニセダッシュマンさ。
部長　どういうことなの？　説明しなさいよ！
トロスケ　初めはただの憧れだったんだ。ヒーローってどんな感じなんだろう、どんな気分なんだろうってね。でもね、マスクかぶってるとさ、なんか普段の自分にはできないことができる気がするんだよ。自分じゃない自分になれるっていうかさ。バケツひっくり返したり、原稿の文字間違えたり、ピンボケな写真撮ったり、会議に遅刻したりする自分じゃなくてさ、みんなの役に立てる、みんなから必要とされる、そんな自分に、本物のヒーローになったような気分になれたんだよ。
部長　じゃあ、なんでこんな……？
トロスケ　初めはね、僕も本当に困った人を助けてたんだ。おばあさんの荷物持ってあげたり、迷子をお母さんのところに届けてあげたりね。みんなに取材された時なんて、もう最高だったよ。これで僕も本物のヒーローだってね。でもね……。
コマちゃん　でも……？
トロスケ　でもさ、それはみ〜んな、ダッシュマンの手柄なんだよ。
ポンちゃん　どういう意味ですか？
トロスケ　僕が荷物持ってあげたのに、僕が迷子を助けてあげたのに、なのにさ、ダッシュマンの人気が高まるばっかりで、僕には何にも残らないんだよ。マスクを取れば、僕はやっぱりドジなトロスケで、みんなのお荷物で……。
お嬢　別にワタクシたちはあなたのことお荷物だなんて……。
トロスケ　思ってたさ。思ってなかったとしたって、僕はそう思われてるって感じてた。そう感じれば感じるほど、ダッシュマンに腹が立った。人気者のヒーローなんていなくなっちゃえばいいって、そう思うようになった。
ポンちゃん　それで……、こんなことを……。
トロスケ　そう。ポンちゃんが隠し撮りしてるの、気付いてたけどさ、わざと知らん顔してたんだ。なかなかの演技だっただろ？

沈黙……。

部長　（黙ってトロスケに思いっきりビンタ。）

部長とトロスケ以外、身動きせず見守る。

トロスケ　（頬を押さえて）な、なにすんだよっ！

部長　今のは、ダッシュマンに迷惑を掛けた分、そしてこれが、（逆の頬をビンタ）

トロスケ　痛っ！

部長　町の人たちに迷惑を掛けた分、そしてこれが……。

トロスケ　（身構える。）

部員たち、顔を覆ったりそむけたりする、が……。

部長　アタシたちの分。（深く頭を下げる）

トロスケ　（恐々と目を開け、部長を見て）な、なんのまねだよ。

部長　（頭を下げたまま）アンタの気持ち、考えてなかった。ゴメンっ……。

お嬢　ワタクシも……、ごめんなさい。（頭を下げる）

ポンちゃん　僕も……。（頭を下げる）

コマちゃん　私も……。（頭を下げる）

トロスケ　ちょ、ちょっと、なにしてるんだよ、みんな。悪いのは僕……。

部長、ダッシュマンの元に駆け寄る。他の三人も後に続く。

部長　ダッシュマン、トロスケのこと、許してください。アイツがこんなことしたのも、もとはと言えばアタシたちのせいなんです。だから、だから……、ごめんなさいっ。

お嬢・ポンちゃん・コマちゃん　ごめんなさいっ！

ダッシュマン、優しく部長の肩を叩き、静かにトロスケに歩み寄り、目の前に立つ。

トロスケ　（ダッシュマンの目をまっすぐに見て）ダッシュマン、すいませんでした。（深く頭を下げる）

ダッシュマン、トロスケの肩に手を置く。頭を上げるトロスケ。ダッシュマンが手を差し出す。しばし見つめた後、その手を強く握るトロスケ。うなずくダッシュマン。

部員たちが駆け寄ってくる。トロスケの肩を抱き、口ぐちに「やったな」「よかったね」……。

トロスケ　ありがとう、みんな、ありがとう。

ダッシュマン、部員たちの輪からそっと離れる。

お嬢　あ、ダッシュマン様っ！

ダッシュマン　（別れのポーズを決めて、その場を立ち去ろうとする。）

トロスケ　ダッシュマンっ！

ダッシュマン、向こうを向いたまま立ち止まる。

トロスケ　僕、あなたみたいにすごいことはできないけど、仲間のために、町のみんなのために、僕にできることが一つでもあるなら、それをちゃんとやっていきます。約束しますっ！

部員たち　（口ぐちに）アタシも！　僕も！　ワタクシも！　私も！

ダッシュマン、ゆっくりと振り向く。

ダッシュマン　……、本当じゃな。

一同　え……？　あれ……？

ダッシュマン　今の言葉に、嘘偽りはないな？

一同　（ダッシュマンの声に戸惑いながらも）は、はい。

ダッシュマン、しばし沈黙の後、静かに仮面を取る。その顔は……。

ポンちゃん　あっ、駄菓子屋の……。

全員　おじいっ!?

お嬢　そ、そんな……、ワタクシのダッシュマン様が……。（気を失って倒れる）

部長、お嬢を抱きかかえる。

部長　お嬢っ！　しっかりっ！

おじい、トロスケの前に立つ。

トロスケ　あ、あなたが……。

おじい　うむ。

部長　じゃあ、あの時、トロスケのところに来たのは……。

ポンちゃん　間違ったことをしているトロスケさんに警告に……。

おじい　まぁな。

部長・ポンちゃん・コマちゃん　す、すごい、すごすぎるっ!!

おじい　はっはっは。（トロスケの前に立ち）お主。

トロスケ　は、はいっ。

おじい　このマスクを、お主に譲ろう。

トロスケ　え……？

おじい　わしも、もう年じゃ。最近は少々足腰がしんどいこともある。もし、お主が本当にこの町のため、この町の人々のために自分の力を使うというのなら、あとはお主に任せよう。

部長　すごいじゃん、トロスケっ！

ポンちゃん　トロスケさんが、ダッシュマン二世ですよっ！

コマちゃん　新しいヒーローの誕生ですね。

トロスケ　……。（マスクを見つめ、じっと考え込んでいる）

部長　どうしたのよ、トロスケ？

トロスケ　これは、もらえません。

ポンちゃん　え？　なんで……？

トロスケ　ヒーローとしてじゃなく、僕は僕として、僕にできることをやりたいんです。だから……。

一同　……。

おじい　そうか。わかった。（トロスケの肩に手を置き）健闘を祈っとるぞ。

トロスケ　はい。

おじい　うむ。では、さらばじゃ。（おじい、風のように軽い動きで去っていく）

トロスケ　ありがとうございましたーっ！（頭を下げる）

ポンちゃん　さよ〜なら〜。（手を振る）

コマちゃん　さよなら〜。（手を振る）

静寂……。

お嬢　はっ!!（意識が戻る）

部長　お嬢、大丈夫？

お嬢　え、ええ。どうしたのかしら、ワタクシ……、何かとんでもないものを見てしまったような気が……、あぁダメだわ、思い出せない……。

部長　大丈夫。なんにも見てないわよ。ね、ポンちゃん？

ポンちゃん　はい。なぁんにも。

コマちゃん　ふふふ。

お嬢　ちょっと、何か隠してるわね？　教えて。ねえ、ちょっと……。

部長　ん？

ポンちゃん　いやぁ……。

コマちゃん　ねぇ。

お嬢　教えろっつってんだ、こらぁっ！

部長・ポンちゃん・コマちゃん　ひいいいいい……。

トロスケ　（みんなの様子を穏やかな表情で見つめていたが、何かに気づいた様子で）あ、おばあちゃーん、その荷物、僕が持ちますよーっ！（駆け出す）

ポンちゃん　あ、僕も手伝いまーすっ！（駆け出す）

コマちゃん　私もーっ！（駆け出す）

部長　（三人の背中を見ながら立ち上がり）さ、行くわよ、お嬢！（駆け出す）

お嬢　ちょっと待ってよ、ねえ！（起き上がる）

部長　置いてくわよ、早く早くっ！

お嬢　待ってったらーっ！　待ちやがれ、このやろーっ!!（駆け出す）

誰もいなくなった街角に、あざやかに夕陽が差している。

——幕——

上演のてびき

吉川泰弘

▼配役について

初演時は部員六名での上演だったため、「おばあさん」、「女の子」、「金髪の観光客」を「コマちゃん」役の部員が演じました。また、「ダッシュマン」は「おじい」役の部員が演じました。

「部長」、「お嬢」、「トロスケ」は三年生、「ポンちゃん」は二年生、「コマちゃん」は一年生の設定。「部長」は女子の設定としていますが、男子にすることも可能です。

▼舞台装置について

劇中の場面は「部室」、「おじいの店」、「街角」の三つとなります。

初演時は、主な場面が「街角」となるので、舞台上は「街角」のつくりをメインとしました。舞台上手に「部室」のセットを作り、「街角」の場面の時はブロック塀に見立てたキャスター付きのパネルで隠すようにして、場面転換に時間が掛からないよう工夫しました。「おじいの店」は舞台下手にキャスター付きのパネルでセットをつくり、場面終了後にパネルを舞台外に移動させました。

「街角」は、迫《せ》り（舞台床を部分的に上下させる舞台機構）や箱台などを活用して舞台上に高低差をつくり、キャストの動きが立体的になるようにしました。

▼演出について

・スライド

劇中で映写するスライドに登場する人物たち（おばあさん、財布をなくして困っている人、カップルなど）については、学校の教員に協力を依頼しました。文化祭など校内で上演する際には、観客の反応がよくなります。

・ダッシュマン①

「ダッシュマン」は基本的に「おじい」役が演じましたが、マスクを被っているため台詞が出せません。また、声で観客に「おじい」だと分かってしまうことは、物語の展開上、好ましくありません。そこで、「トロスケ」役が舞台袖でマイクをつかって台詞を出し、その台詞に合わせて「ダッシュマン」が動作のみを演じるようにしました。

「ダッシュマン」と「ニセダッシュマン」が登場する場面では、「トロスケ」役もヒーロースーツを着用して舞台に上がるため、あらかじめ録音した台詞を流し、それに合わせて「ダッシュマン」と「ニセダッシュマン」が動作を演じるようにしました。

場合によっては、「ダッシュマン」の声のみを演じる配役を割り振ることも考えられます。

・ダッシュマン②

「ダッシュマン」の登場シーンは、インパクトを大切にし、背景に派手な色を使い、舞台中央のスポットライトの中でポーズを決める演出にしました。毎回〝意外なところ〟から登場するような仕掛けがあっても面白いです。また、「ダッシュマン」が立ち去る場面についても、単に舞台袖へと走り去るのではなく、〝消えた〟感じを出せると効果的です。初演時は「街角」のブロック塀に見立てたパネルに回転式のものを用いて、忍者屋敷のからくり扉のような仕掛けをつくり、ダッシュマンが〝消えた〟ような演出をしました。

・ダッシュマン③

「ダッシュマン」と「ニセダッシュマン」の二人が同時に舞台に登場する場面が二つあります。

最初の場面では、「トロスケ」役の着替えの時間を確保する必要から、「おじい」役が演じるダッシュマンが「ニセダッシュマン」、「トロスケ」役が演じるダッシュマンが本物の「ダッシュマン」の動作をそれぞれ演じました。

あとの場面では、「トロスケ」役が演じるダッシュマンが「ニセダッシュマン」、「おじい」役が演じるダッシュマンが本物の「ダッシュマン」の動作を演じました。

全身同じヒーロースーツの二人なので観客に悟られることはないと思われますが、物語の展開に関わる部分でもあるので、それぞれの動作に配慮する必要があります。

・ラストシーン

「ニセダッシュマン」がマスクをはがされ、その正体が「トロスケ」だと判明する場面では、そのまま進行してしまうと、最後まで「トロスケ」がヒーロースーツを着たままとなってしまい、物語の展開にそぐわなくなります。初演時は、マスクをはがされた「トロスケ」が、自分の行いについて告白をしながらスーツを脱いでいき、元の制服姿の「トロスケ」に戻るように演出しました（制服の上にヒーロースーツを着用）。また、脱いだヒーロースーツは舞台下に落とさせるなどして、最後に誰もいなくなった舞台に脱いだヒーロースーツが残されているという状況を回避することも必要です。

【作者より】

この劇は、六人の演劇部員と、劇を観てくれる生徒・保護者・地域の皆さんのために書きました。とにかく演じて楽しい芝居を、とにかく観ていて楽しい芝居を、それが、この劇のねらいであり、目的です。

今、あらためて読み返してみると、つたないところや洗練されていないところもたくさんあります。しかし、敢えてそれらもそのままに、ここに載せようと思います。なぜなら、そのつたなさや洗練されていないところは、次にこの劇を演じてくれる皆さんが磨き上げてくれればよいと考えたからです。そうやって、まったく新しい「ヒーロー」が新たな地に「参上」してくれたなら、この劇を書いた人間にとっても最初に演じた人間にとっても、これに勝る喜びはありません。

ヒーローは誰の心にも住んでいます。そのすべてのヒーローたちの活躍を心から祈りつつ。

大地讃頌—2011—

小林円佳

三年Ｂ組には謎の転校生がいる。
彼女だけが合唱祭の寸前になっても歌を歌おうとしない。
謎の転校生が歌を拒否する理由は……何？

上演＝東京・練馬区立石神井東中学校演劇部

登場人物

佐々木 知波　三年Ｂ組にやってきた謎の転校生。
春野 桜良　心優しい合唱部員。
夏山　葵　しっかり者の学級委員。
秋元 アカネ　元気な合唱祭実行委員兼指揮者。
冬木　紫　まとめ役のピアニスト。
中越 杏実　生真面目な秀才。
浅野先生　三年Ｂ組の担任。
　関西弁訛りがある若手教師。
比留間先生　三年Ｂ組の副担任。
　こちらも少々訛っている。

※（　）の会話は次のセリフと重ねていく。
引用：「大地讃頌」歌詞部分
　作詞＝大木惇夫　作曲＝佐藤眞

第1場
嫌いってわけじゃないけどさ。

3年B組教室。

春野、教室中央で大地讃頌の一部を口ずさんでいる。

春野 母なる　大地の　ふところに　我ら　人の子の　喜びは　ある　大地を　愛せよ　大地に生きる……（歌の途中で幕が開く）

大地を愛せよ……のあたりで秋元・冬木が話しながら入ってくる。

秋元 だからさあ、なーんで毎年毎年三年生の課題曲って『大地讃頌』なわけよ？

冬木 またそんなこと言って。卒業式でも歌うからでしょう？

春野 （話に参加する。）男子の声がいきるから、とか……辰島先生がゆってたんだけれど。

秋元 それはそうなんだけどさぁ。

春野 アキちゃん、『大地讃頌』、嫌い？

秋元 いや、嫌いってわけじゃないけどさ！

（中越が遅れて登場、自席に着席すると勉強を始める。）

冬木 指揮者ですものね。

秋元 ま、みんな、我がB組の優勝のためにわたくしの指揮をよく見てくれたまえ。えっへん！（秋元、単語帳をめくっている中越のそばに行って指揮を振るが、中越は無視する。）

春野 難しいでしょ、『大地讃頌』の指揮って。

秋元 いやいや、それゆったら、ピアニストさんはもっと大変なんだからさー。

冬木 いやいや、そんなとんでもない。

春野 冬木さん、勉強もできるのにピアノも弾けるのって、すごいよねえー。

冬木 でもほら、ピアノといえば、A組の相馬さんにはかなわないし。

秋元 あー、確かにね。相馬さんって音楽の高校行くんでしょ？　さすがにアレはすごいよね。

秋元 でもさ、それにしてもようやくちょっとなかなかいい感じになってきたよね、課題曲。

冬木　まあね。やっぱ三年生ですものね。（春野「ねー。」）
秋元　でもさ、やっぱりダイチサンショーってタイトルおかしくない？　第一最初っからあの文字読めた？　ダイチはいいよ、ダイチは。でもさ、サンショーって、他で見たことある？　あんな文字。
春野　いや、あまりないけど。
秋元　でしょ？　あたしもさ、最初のうちはもしかしてあたしだけバカなんじゃないかな～？って思っていたんだけどさ、聞いたらみんな読めなかったっていうのよ！
冬木　いや、それはもしかして、秋元さんって、ちょびっと……おバカさん？
春野　あっ、言っちゃった！
秋元　じゃあ聞くけど、『サンショー』ってどんな意味よ、『サンショー』って！　サンショーってなんざんしょー！
春野　やめなってー、アキちゃん！
秋元　ダイチーをサンショ～♪ダイチーをサンショ～オ～って歌詞があるわけでもないしさ、あたしず～っとあの文字なんて読むんだろー？って、小学生のころから疑問に思っていたんだかんね。
中越　『讃頌』は「歌にしたり言葉にしたりして褒めたたえること」です。
秋元　うわっ！　中越サン、いたの？
中越　かなり前から。音楽の授業で教わったはずですよ。秋元さん、貴女はいつも遊ぶことばかり考えているから、学習内容が定着しないんです。
春野　中越さん、その言い方、キツいよ～。
中越　騒がしくて集中できません。
秋元　サンショーね、褒めたたえるね、そうだよねそういえばそんなこと教わった気もするよ。……あーっ、でもだったらなんで地面を褒めなくちゃいけないの？　意味わかんなくない？　地震とかあるのにさ！　たたえよ大地をア～って、そんなん歌っている場合かっ、て～の！
冬木　男子だって意味くらい考えて歌ってるっていうのに指揮者の秋元さんが今頃そんなこと言っても。
春野　そうそう、男子といえば、男子の声。最近すっごくかっこいいよねー。
秋元　男子ね。去年と全然違うよね、最高学年だもん。指揮していてもこう、迫力があるっていうかさ、この一週間「キターッ」って感じで、手応えがあるわけよ。

冬木　それは秋元さんの指揮がクラスをまとめているからよ。
秋元　いやいやいや、そこはやはり冬木さんがピアニストだからこそだよ。
春野　二人で褒め合っちゃっておかしいー。

秋元の指揮で春野と冬木が「平和な大地よ～」女子パートがハモるところを歌うと、上手から夏山が登場。二人、歌をやめる。

第2場　ほうっておいてくれないかな。

秋元　ナツ、どうだった？
夏山　……ダメだった。……ごめん。
秋元　ああもう腹が立つ！　いい加減にしないかな、あいつ。
冬木　どうしたの？
秋元　学級委員のナツが言ってダメなら、あたしが言う！　あたしがガツンと言う！　今日こそは言う！
（冬木に向かって）何よあの転校生、何様のつもりなの？　B組が合唱祭で負けたらあいつ責任取るってわけ？
冬木　落ち着くべきですわ、秋元さん。
秋元　はぁ？　落ち着いてられる？　もう来週なんだよ合唱祭！　体育祭負けているんだから、三年B組の学校行事はこれが最後の勝負なんだよ？
春野　……もしかして、例の件？
夏山　そう。佐々木さんのこと。（中越、黙って席を立つ。冬木を意識してから退場。）
秋元　なんだよ、みんな、合唱祭で勝ちたくないのかよ。
春野　それはまあ、勝てればいいなーって……。それはそうなんだけれど。
秋元　だろ？　勝って、浅野先生を喜ばせたいって、あたしたち誓ったじゃん。
冬木　そうでしたわね。
春野　アキちゃん、浅野先生のコト大好きだから。
秋元　そうよ。修学旅行実行委員に続いて体育祭実行委員に引き続き合唱祭実行委員と、最終学年にして三大実行委員になったのは浅野先生のためと言っても過言ではない！　さらに今年はとうとう三年目にして合唱祭実行委員長！

春野　愛だ。
夏山　愛ね。
（手を取り合う二人。秋元、その手をさらに握り力強くうなずく。）
冬木　まあそれは確かに、せっかくの合唱祭なんですから、やる以上は勝ちたいですわよね。
秋元　あーあ、しかしなんであんな転校生が来ちゃったのかね。非協力的で無愛想、無表情で浮きまくりじゃない。

知波（黒い冬服）が上手から登場。
気まずい空気が流れる。

夏山　……アキ。
秋元　来たわね、転校生。
冬木　おやめなさい、ってば、秋元さん。
秋元　ちょうどいいわ。どうせ聞こえていたんでしょ？　だったら話は早いわよね。あたし、隠れてコソコソ話すのって好きじゃないんだ。
知波　バカなの？　今、まさに隠れてコソコソ人の悪口言っていた人のセリフとは思えないわね。
秋元　なんですって？
夏山　アキ！
春野　アキちゃん、暴力はいけないよ！
秋元　じゃあ言わせてもらうけどね、転校生。あんたあの態度って何なの？　わけわかんないんですけど。クラスのみんなで合唱作っていこうって気持ちはあんたにはないんですか？
春野　やめなよ、アキちゃん。佐々木さん、まだここにきたばかりで、歌とか覚えていないんだよ。
秋元　だったらせめて歌を歌うフリくらいできないの？　いちいち感じ悪いんだよあんた。
知波　……ほうっておいて。
秋元　は？
知波　ほうっておいてくれないかしら。
夏山　佐々木さん。
知波　邪魔をしているわけじゃないでしょう。一緒に立っていてあげているんだから、それで我慢して頂戴。
秋元　はあぁ？　あんた、それマジでゆってんの？
春野　二人とも、落ち着いてよ。
冬木　佐々木さん、その発言はクラスメートの一人として、どうかと思うわ。

知波　安心して。私、あなた方をクラスメートだとか思っていないから。
秋元　ちょっと待てよ！
春野　佐々木さん、友達になろうよ？　ね？……一緒に、歌お？
知波　ほうっておいてくれないかな。あと半年、三月までここにいさせてくれればそれだけでいいの。私も貴女方に干渉しないから、貴女たちも私に干渉しないでちょうだい。
秋元　（キレる）ふざけんじゃねえ！　あたしは優勝したいんだよ、最後の合唱祭なんだぞ！
春野　アキちゃん！（冬木「秋元さん！」　夏山「アキ！キレちゃダメだって！」）
秋元　とめるんじゃねえよ！　ナツ！　お前も！　お前、学級委員だろうが！　言いたいことといっぱいあんだろーがてめえもよ！　なんで黙ってんだよ！
夏山　アキ、気持ちはわかるけど、ダメだって。
冬木　秋元さん。
秋元　……ちっ、（拳を引っ込める）……みんながいいやつでよかったな、転校生。
知波　そんなに一生懸命になれることがあるなんて……うらやましいくらいだわ。
秋元　はぁ？　お前、何お高くとまってんだよ！（再びキレそうになる。）
春野　アキちゃん、やめて！
夏山　アキ、やめな！
知波　用件はそれだけ？　じゃあ、私、もう帰るから。
（荷物をまとめ、教室を出ようとする。）
冬木　佐々木さん。
知波　ほうっておいてくれないかしら。
冬木　そうしたいのはやまやまなんだけれどね。秋元さんの言うことは確かに乱暴だけど、一理あるのよ。転校してきてからの佐々木さんの態度、やっぱり一生懸命やりたい人には不愉快だと思うの。
知波　だったら、合唱祭ごときで『一生懸命』とか『担任のために優勝したい』とか大声でがなりたてている人の言動の方が私も不愉快なんですけれど。
秋元　ちょっと、今あんた何て言った？『合唱祭ごとき』って言ったのか？　ナツが学級委員としてクラスまとめようと、どんだけ気を遣ってんのか知ってて言ってんのかよ？　冬木だって忙しい受験生なのに毎日何時間もピアノの練習してんだぜ？

冬木　ねえ、佐々木さん。そんな風に思っている人って、貴女だけなんじゃないかしら？

知波　少数意見は無視されるの？　不愉快に思ったのならあやまるわ、ごめんなさい。

冬木　佐々木さん、それが、貴女の言い分？

知波　（ちらりと時計を見て）もう、帰らなくちゃ。

春野　佐々木さん、大地讃頌をあたしたちと一緒に歌いたくない理由って、何なの？

知波　答えたくないわ。

秋元　はぁ？　そんなんで納得するわけねえだろ。

知波　じゃあ、『嫌いだから』。私、大地讃頌って歌、嫌いなの。

冬木　嫌いだから歌わなくていいって理屈はないでしょう？（知波、冬木の問いを無視して背を向け下校しようとする。）

春野　……佐々木さん！

知波　（足を止めて振り返り、面倒くさそうに）まだ何か？

春野　佐々木さん、……やっぱり、友達になろうよ。

知波　それこそ余計なおせっかい。ほうっておいてくれないかな。迷惑なんだ、そういうの。

春野　ほうってなんかおけないよ！

知波　聞こえなかった？　それが余計なおせっかいだって言うのよ。

秋元　ハルノ、よせ。無駄だそいつ。（知波、退場。秋元、足元のごみ箱を蹴飛ばす。）

第３場
覚えてないとは言わせないわよ。

秋元　くそっ！　ナツもなんか言ってやれよ！　お前、学級委員だろ！

冬木　秋元さん、夏山さんに当たらないの。

春野　なっちゃん……。

夏山　……。

秋元　合唱祭！　みんな、勝ちたくないのかよ！

春野　勝ちたい、けど……。勝ちたいけど、怒鳴ったりしちゃだめだよ、アキちゃん。佐々木さんは三年Ｂ組の仲間なんだから。

秋元　は？　仲間？　あの態度が？　聞いたろ？　なんなんだよあれ！

冬木　何か。……何か別に理由がありそうなのよね。

夏山　冬木さん。
冬木　佐々木さんって、転校してきてから、ずっと、あ
あよね。壁があるというか……。何が原因なのか、わ
からないけれど。
秋元　でも、『合唱祭ごとき』って言葉は許せない。
冬木　確かに、今、Ｂ組での一番の問題は佐々木さんよ
ね。
秋元　なーんせ、『謎の転校生』ってやつだもんな。
夏山　謎の転校生？
秋元　あの転校生、白梅中学七不思議の一つって言われ
てんだぜ？　転校わずか半年で伝説に入るってすごく
ねえ？
冬木　何ですの？　それ。
春野　あ、それ聞いた事あるかも。
秋元　そ。いつまでたってもあいつの制服が前の学校の
まんまだとか。全然笑わないとか。
春野　あと、音楽では全然歌わないのに、あの厳しい辰
島先生が怒らないとか、だよね。
秋元　あのドラゴン辰島が吼えないんだぜ？　絶対おか
しいよな。
夏山　笑った顔は、私も見た事ないけど……。制服はほ
ら、もう三年生だからわざわざ買わないだけでしょ？
秋元　でも、このクソ暑い夏も、あの冬服のまんま
ずーっといたんだぜ？　まっ黒の！　学校に喪服で来
てるのかっちゅーの！
夏山　……。
冬木　でも、合唱はどうしてもやりたくないという人
に、無理にやらせるものでもないでしょう？
秋元　がーっ！　比留間先生みたいなこと言うなよ！
春野　比留間先生は、やりたくない人は無理にやんない
でもよかんべーって言うもんね。
秋元　あの昼行燈、副担任だからって、無責任だよな。

秋元の後ろから比留間先生、登場する。

冬木　（比留間先生に気がついて）秋元さん、そういうこ
と、言わないの。
秋元　いや、比留間先生の生活指導の態度には問題ある
と思うわけよ。あの人には我々に対する熱心さが足り
ないよね、のんびりにもほどがあるよ。いちいち「よ
かんべー」じゃないよねえ？
比留間先生　そうかね。

秋元　はっ！

比留間先生　（閻魔帳を取り出し記入）秋元、社会科減点5点。

秋元　ええええ？　今の社会科とぜんっぜん関係ないと思います！

比留間先生　いんや、秋元さん。貴女には社会性が足りません。よって減点。さ、あんたたち、もう下校時間ですよ。さっさと帰んべー。

全員　はーい。

比留間先生　また後で見回りに来ますからね、いいですね？　さっさと帰んなさいよー。（比留間先生、念を押しながら退場。）

全員　はーい。

秋元　（見送ってから。）ああは言っても、きっと来ないよ。ユルいからね、比留間センセ。訛っているしね。

夏山　訛っているのは関係ないじゃん。

冬木　浅野先生も訛っていらっしゃいますわ。

秋元　同じ訛ってるでもさ、比留間先生って浅野先生の熱血なノリとは違うじゃんか。

春野　それはほら、浅野先生は関西人だから。

冬木　出身地って関係あるのかしら？

夏山　関西人が全員熱血ってわけじゃないし。（春野「いや、わからないよー？」　冬木「どうなんでしょうね。」　夏山「そうねー。」　春野「熱血二人いたら暑すぎないかな？」などと適当に談笑。）

秋元　ぐあぁ！　でも本っ当、なんとかならないかなー？

夏山　まあね。最後の一週間になって、ここにきて男子もやる気出してきてくれたんだし。

秋元　だからこそ、だよ。あの男子がちゃーんとやる気出して頑張り始めてくれたってのに、女子の方にいつまでも歌おうとしないやつがいるのって、許せなくない？

冬木　確かに、まだエンジンかかっていない女子が少しだけいるわね。

秋元　あたしの指揮をいまだに見てくれないのは、佐々木さんと、ガリベン中越さん。

夏山　『ガリベン』って。いつの時代の言い方よ。

春野　昭和だ。

夏山　昭和ね。

中越が忘れ物を取りに戻ってくる。

秋元　ん？　噂をすれば中越さん！　なーかーごーしーさーん！
中越　な、なんですか？　私はただ塾で使う忘れ物を取りに……。（自分の机を探り、すぐに帰ろうとするが、捕まる。）
秋元　待て！　待て待て待てちょっと待て！　あたしゃあんたに言いたいことがある！
冬木　何事ですか？
秋元　見ろ！（テスト用紙を取り出す。周囲が覗き込む。春野「何？」　冬木「音楽のテストですわね」）
夏山　ああ、今日返してもらったやつ？（最後は春野がテストを手にする。）
春野　あー！　アキちゃんなのに50点以上取ってる！（冬木覗き込む。「まあ！」　中越「な、何よ？」）
秋元　ふわーはっはっはっはっは！　中越さん！　覚えていないとは言わせないわよ。
夏山　ちなみに私が証人です。
秋元　こないだの音楽の時間に、『音楽平均点以下の人の命令なんて聞けないわ。』ってゆってたよね。
夏山　さらに、『秋元さんが平均点以上取れたたら言うこと聞いてあげてもいいわよ。』ってね！
春野　えっ、中越さん、そんなコト言ったの？
秋元　見ろ！　見ろ見ろ！　平均点55点のところ、58点じゃ！（テスト、中越の手に渡る。）
春野　うわあ、レベル低いけどよくやったアキちゃん！
冬木　いつも3点とか11点とかですものね。偉いですわ。
秋元　クマモト先生の数学の小テストもフクシマ先生の単語テストも全部切って音楽に集中したもんね！（春野「それだけ頑張って58点？」　夏山「自己最高得点らしい。」）
冬木　受験生としてそれはちょっとどうかと思うけど……。（中越、秋元のテストをしげしげと眺める。）
秋元　さあ！　あたしの頼みを聞いてもらうよ！
中越　え？　い、いったい何よ……？
秋元　（急に真面目になって）お願い！　あんたが勉強ですごい忙しいのわかってるんだけど、あと一週間、……クラスのために歌ってくんね？
全員　お願い！（春野・夏山も中越を見つめる。しばし、間。）
中越　……わかったわよ。数学とか英語捨てて音楽だけ勉強とか、バカじゃないのあんた。

秋元　うん。あたしバカだからさ。
夏山　一回に一個のことしかできないんだよ、アキは。
春野　そうね。だから多分、中越さんのためにこれでも一生懸命勉強したんだと思う。わかってあげて。
中越　……合唱祭までよ。それが終わったらまた勉強に集中させてもらいますからね。（帰る準備をする。）
冬木　中越さん、頑張って。
中越　……冬木さん！　私も宣言させてもらうけど、次の期末考査では、今度こそ貴女に負けませんからね。
冬木　うん。一緒にがんばろ？
春野　中越さん、いい人だね！
夏山　中越さん、ありがとうね。
中越　か、勘違いしないでよね。べ、別にあんたたちのために頑張ってあげようだなんて思ったわけじゃないんだからねっ！　内申のためよ、内申のため！　じゃあ、先に帰りますからっ！（中越、退場）
夏山　中越さん、冬木さんに負けたくないだけなんだよね。
春野　冬木さんと、いつも成績のクラストップ争ってるもんねぇ。
冬木　私も、あそこまで集中力がある中越さんのこと、いつもすごいな、って思っているわよ。
秋元　だからっていつでも単語帳持っているのは違うと思うんだけどなー。
春野　中越さんは真面目なんだよ。
夏山　ま、気持ち切り替えて土曜日に向かって、がんばろ？　ね？
秋元　おう！　あの中越さんが歌ってくれるって約束してくれたもんな。
夏山　うん！
冬木　あとは……、佐々木さんね……。
秋元　何が『ほうっておいてくれないかしら』だよ、何様のつもりなんだか！
春野　（まあまあ）いつか、佐々木さんもわかってくれるよ。
冬木　そうよ。いくらなんでも卒業式までこのままってわけないでしょうし。
秋元　そうだな！……ね、覚えてる？　四月の始業式の日、私たち見回して、『いい卒業式にしようや』って、浅野センセイ言ってくれて、涙ぐんででさ、あたしあのときからこのクラスのために頑張ろうってずっと思っていたんだ。

夏山　これが小学校時代名を馳せた不良とはねえ。
春野　ねえ。
秋元　ちょっと！　それ言うなよ！　あたし、自分で言うのもナンだけど、中学校に入って、浅野先生に出会ってものすっごーく成長したんだから！
冬木　秋元さんが白梅中に来るって噂、別の小学校だった私たちの所まで聞こえてきたもの。
春野　そうそう！　あたし、中学校入学してすぐの頃は、アキちゃんの事、怖かったんだよー。
夏山　『狂犬のアキモト』とか。（ポーズと効果音）
冬木　『カミソリのアキモト』とか。（ポーズと効果音）
春野　『学級クラッシャーアキモト』とか。（ポーズと効果音）
夏山　ひどい通り名ばかりだね。
冬木　およそ小学生につくあだ名じゃないですわね。
秋元　えー、まあ、小学生の頃はイロイロあって、ちょっとトンガっておりましたので。てへっ☆
夏山　なにが「てへっ☆」だよ。アキがやっても可愛くないよ。（秋元「えー。」）
春野　あ、あの！（挙手）
夏山　（先生風に）はい、春野サン。
春野　あたしは、アキちゃんのパワー、すごいと思う！　あたしね、一年の頃にアキちゃんに無理やりさそわれて部活とか、行事の手伝いとかやるようになったんだけど、その、明るくなったって、家族とか、クラスの皆に言われるようになって。……ええと、あの、つまりね、……嬉しかったの！
夏山　誰だって、一生懸命やった方が楽しいもんね。
冬木　わかるわ。
秋元　だろ～？　あ、ところでさ、相談なんだけど、男子のパートだけのテープってさ、MDかCDにダビングできない？（春野「ああ、音取りづらいもんね。」冬木「うちに来て録音します？」秋元「今時カセットテープとか学校以外存在しないよなー」などと相談を始める。）

浅野先生、教室に入ってくる。その後ろから比留間先生。

浅野先生　あーりゃりゃ。まーだ残っている生徒がいたんかー。はよ帰りぃ。（ちょっとはずれた関西弁）
秋元・夏山　浅野センセイ！
秋元　ぎょ。比留間先生、また来た。

比留間先生　来ちゃいけませんでしたかね。
秋元　え？　いえいえ、とんでもない。
比留間先生　まったく、合唱祭前で気持ちが盛り上がるのはわかるけんど、いい加減にすんべ。（秋元「すんべ、だって。」）
冬木　あ、もう下校時間でしたか。
比留間先生　と～っくに時間、過ぎてますよ。
春野　すぐ帰りまーす。
夏山　すいません、掃除のあとちょっと……（いろいろあって）。
浅野先生　三年生はもうほとんど部活ないんやから、もう帰りぃ。
比留間先生　んだよ。さっさと帰って、あんたたち、ちょぺっとは勉強しっせぇ。
春野　「ちょぺっと」、だって。（冬木「こら、春野さん。」）
秋元　はーいっ！『ほなさいなら～』（浅野先生の真似をして関西弁風に訛る）
浅野先生　こーりゃ、秋元さん、先生の関西弁をからかわない。
比留間先生　先生は訛っていません。
秋元　あたし、先生の大阪弁、『ごっつ、好っきやねん』！
春野　あたしもあたしも！
秋元　白梅中名物3年B組方言先生！（全員、イエーイとポーズ）
比留間先生　だーから、先生は訛ってないってゆってんだべ！
春野　あたしは比留間先生の東北弁も浅野先生の大阪弁も好きです。
浅野先生　ちゃうちゃう。大阪弁ちゃうゆーてるがないつも。
比留間先生　浅野先生は兵庫だぁ～よ。
秋元　あまり変わりないよね、それって。東京のあたしらにとっては大阪も京都も兵庫も同じですよ。
春野　そうだね、どっちがどっちの県なんだか。
浅野先生　こら、自分らそれでも受験生か。頭いたなってきたわ。
冬木　それでは。先生方、ごきげんよう。（夏山「失礼いたします。」春野「センセ、また明日ー。」）
比留間先生　早く帰んなさい、早く。
秋元　おう！　ナツ、先行ってんぞ。帰んべ、帰んべ。
春野　なっちゃん、先行っちゃうよ。
冬木　昇降口で待っていますわ。

比留間先生　こら、聞いているんですか！（立ち止まって、念を押す）先生は、訛っていませんからね。

夏山以外の生徒、にぎやかに鞄を持って教室を出る。
比留間先生は生徒たちを追いたてるようにして退場。

夏山　（二人きりになると）……先生。
浅野先生　ん？　なんやね？　夏山さん。
夏山　……私、佐々木さんのこと、いつまでみんなに黙っていればいいんですか。
浅野先生　……。
夏山　そろそろ限界です。佐々木さんの気持ちも、わからないではないんです。でも、あんな態度じゃ、みんなは納得しません。私、学級委員なんです。このクラスを、まとめないといけないんです
浅野先生　……夏山さんには、悪かったと思っているわ。
夏山　いえ、先生が私を信頼してお話してくださったことはわかっています。
浅野先生　学級委員を困らせるなんて、担任、失格やね。
夏山　そんなことはないです！……アキ……、秋元さんだって、小学校の頃、めちゃくちゃだったことあるんです。浅野先生が一生懸命接してくださって、それで、あんなに、クラスのために頑張る子になったんです。先生はいい先生です。
浅野先生　夏山さんは、確か秋元さんとは二人だけ、同じ小学校から来はったんやったね。
夏山　はい。私とアキだけ、みんなとは違う別の小学校から一緒にこの中学校にきました。
浅野先生　せやったら、転校してきて知らない人がぎょうさんおる中で生活しなくてはいけないときの、苦労とか、気持ちとか、……夏山さんなら、わかってくれはるやろ？
夏山　……はい。（秋元「おーい、ナツ、まだかよー。」春野「なっちゃーん。」冬木「そろそろ行きますわよ。」下手からの夏山を呼ぶ声にうつむいていた顔を上げる夏山。）
夏山　失礼します。……先生、なんか余計なこと言っちゃって、すいませんでした。
浅野先生　いや。気にさせてしもうて、悪かったなあ。……ほな、また明日。
夏山　はい。また明日。

浅野先生、夏山を見送り、ため息をつく。電気を消すしぐさをして（暗転）、暗くなってから退場。

暗転後、緊急地震速報、大地が揺れる音の効果音。

第4場 きれいごととか、いうな。

ピンスポの位置に知波が立っている。知波、正面を見ながら何かをつぶやいている。聞こえない。ホリゾント赤。逃げ惑う人々がシルエットで左右に行き来する。（ランダムな悲鳴。「来た」「高台に行け！」「逃げろ」「戻るな！」「先に逃げて」「ダメだ」「いやあああ」）

知波 やめてえっ！（効果音止まる）

照明、戻る。何事もなかったようにいつもの教室。

知波、自分の席に座って読書。朝の教室。

上手から、秋元、夏山と話しながら登場。下手から入ってきた中越が、自席で勉強開始。

少し遅れて春野と冬木も登場する。

秋元 ……佐々木。（クラスに緊張が走る。）
知波 ……。（顔を上げるだけ。）
秋元 （机の近くに寄り、見つめてしばらく、間。）昨日は、悪かった。カッとして、言い過ぎた。暴力的な女だと思われたんじゃないかなって思ってさあ！　なんかホント、ごめん。
知波 何とも思っていないわ。
秋元 だけどさ、合唱祭はもう今週の土曜日なんだし、もうちょっと歩み寄るというか……協力してくんね？　実行委員として、お願いします。クラスの一員として、一緒に合唱してください。
知波 私、ほうっておいてほしいと伝えたわよね。
秋元 んだとこら！
春野 アキちゃん！（夏山「アキ！」　冬木「秋元さん！」
中越も心配そうに様子をうかがう。）
秋元 あんたとはほんっとーに気が合わない。
知波 奇遇ね、私もそう思っていたところだったわ。
秋元 あんた、生きてて何か楽しいのか？
知波 別に。生きていて楽しいことなんて、もうどこにもないわ。

秋元　そういうやつがクラスの輪を乱すんだよ！
冬木　秋元さん、おやめなさい。
秋元　止めるなよ！　ナツ、お前もなんか言え！　あたしはこういう奴が一番許せないんだよ！
知波　うるさい。
秋元　ああん？
知波　うるさいって言ったの。小さな正義感で動くの、やめてくれない？　すごく迷惑。
春野　佐々木さん、秋元さんはそんなつもりで言っているんじゃないよ！
秋元　お前、二度とうちの学校に来るんじゃねえよ！　帰れ！
夏山　アキ、言い過ぎだよ！
知波　私も、別に来たくてここに通ってきているわけじゃないわ。
秋元　はあ？
知波　帰る場所があるならとっくに帰ってる。
冬木　帰る場所？
知波　帰る場所なんて、私には、もうどこにもないから、ね。ただ、貴女たちの邪魔をする気はないから。お願いだからほうっておいて。

知波、教室を出る。足元の床を蹴る秋元。
春野だけが知波をおいかけて教室を出る。

秋元　なんだよ、あいつ！
中越　生きていて楽しいことなんかもうないって、ゆってた……。
冬木　言葉の綾よ。でしょう？
夏山　……生きているの、楽しくないんだよ、きっと。
秋元　ナツ？
夏山　むしろ、自分が生きているのが、悪いと思っているんだ。
中越　夏山さん？
夏山　私だったら、きっとそうなる。
冬木　夏山さん、貴女、何を知っているの？
夏山　ううん。なんでもない。
秋元　なんでもないってこたぁないだろ、なんか知ってんだろ、お前！
冬木　秋元さん、やめなさいって！
秋元　ちぇっ。
冬木　そ……、それより、ほら、合唱祭。Ａ組さんの伴奏もすごそうだけれども、他のクラスはどうなのかしら、ね？

秋元　結構みんな頑張ってるらしいぜ。

夏山　へえー、やっぱそうなんだ。

冬木　そりゃそうでしょう、みんな最後の合唱祭ですもの。

秋元　そうだね、課題曲だけならうちのクラスがガチでトップだと思うんだけど。

冬木　結局自由曲で差が出ますものね、それぞれクラスの特色出してきてるから。

中越　Ａ組はモルダウでしだっけ？　名曲ですよね。

夏山　スメタナが故郷を思って作曲したってやつね。

冬木　スメタナがモルダウを作曲した頃、彼の故郷チェコはハプスブルク家・オーストリア帝国の支配下にあったのよね。

夏山　そうそう。辰島先生に音楽で教わった。ああいう背景聞くと、ぐっと歌に深みを感じちゃうよね。

中越　Ｃ組は『流浪の民』とかいう歌ですね。

夏山　それ去年先輩が歌ってて、すごくよかったよね。

冬木　ソロパートの迫力が、すごいわよね。

秋元　がーっ！　ほかのクラス褒めるな！　全部敵じゃ！

冬木　なに言ってんですか。

秋元　勝ちたいんだよ！　勝ちたいの、あたしは！

夏山　春野だったら「勝負にこだわらなくてもいいじゃん〜」って言いそうだよね。

秋元　ハルノは欲がなさすぎなんだよ！

冬木　みんなどのクラスも頑張って練習しているんだし。一生懸命やればいいんじゃないのかしら。

秋元　きれいごととか、言うな。勝ってなんぼなんだよ、勝たなくちゃ意味ないの！　戦いなんだよ、合唱祭は！

夏山　熱いねえ、アキは。

秋元　だからさあ！　あの転校生！

冬木　……佐々木さん。

秋元　そう、佐々木！　あの子だってきっとこの熱い思いわかってくれると思うんだよ！

夏山　……どうかなあ。

秋元　学級委員があきらめちゃだめ！　あんた、一年のときにあたしになんてゆったか覚えてないの？

夏山　え？　やめてよ、恥ずかしい。

冬木　何々？　なんて言ったんですか？

中越　聞かせてください。
秋元　小学校時代不良で、中学校に入ってからも不貞腐れていたあたしに、『アキちゃん、なんでも一生懸命やらなくちゃいけないんだよ！　一生懸命やれば、面白いことは向こうからくるんだよ』って！
中越　へえ、かっこいいじゃないですか。
夏山　そんな昔の話、恥ずかしいから！　やーめーてー。
秋元　いやあ、そのときからだったね、あたしの中で何かがハジけた。
冬木　それで、今の行事大好き娘になったってわけなのね。
秋元　おうよ！　とにかくだね、皆で協力してひとつのものを作り上げていくという過程に、ワタクシは感動しているのですよ！　このような感動を分かち合うこと素晴らしさは、ズバリ中学生時代でないと味わえない大事な経験だと思うのです！（夏山「自己ＰＲみたい」中越「小論文みたいですね」）
冬木　そうね、わかるわ。
秋元　そこで、ね。あの転校生にも、この感動をさ、わかってほしいわけ。
夏山　……無理だと、思う
中越　夏山、さん？
冬木　なんか、知っているの？
秋元　やっぱりお前、なんか知ってんだな？　教えろよ、ナツ。
夏山　……。（夏山を級友たちが取り囲む）
春野（声のみ）　「佐々木さん、待ってよ。」

知波、上手教室入口に立っている。おいかけて春野も登場。

知波　それで？　私が「かわいそう」とでも言うつもり？
夏山　佐々木さん。
知波　きれいごととか、言うな。

教室のメンバー、知波の声に振り返る。

第5場
いってくれないとわからない。

知波　ふうん、やっぱり知っていたってわけね。
夏山　それは、先生から、学級委員ということで一応知っておいてって……。
知波　ああそう、それで。私のことをずっとかわいそうだって思って眺めていたってわけ。
秋元　ちょっと、なんのこと？
知波　別に。かくしているわけじゃないから、言ってもかまわないわよ、学級委員さん。
夏山　そんな、私は、別に……。
知波　言ったらいいでしょ？　私がかわいそうな被災者だって。
春野　……ひさいしゃ？
冬木　佐々木さん、まさか、貴女。

チャイムの音。浅野先生と比留間先生が教室に入ってくる。

浅野先生　なんやなんや？　一体、なんの騒ぎや。
比留間先生　どうしたんだべ？
春野　比留間先生。
秋元　担任と副担任がそろって何しに来たんだよ。
比留間先生　何しに来たって、今日の一時間目は学活だから来たんでしょ……って、どう見ても仲良くみんなで歌を歌うって雰囲気じゃないねえ。
浅野先生　佐々木さん、なんかあったんか？
知波　別に。
秋元　別にじゃねえだろ。
知波　私がかわいそうな被災者だってことを皆さんに言っただけです。
浅野先生　……佐々木さん。
夏山　浅野先生、違うんです！　私、何も言っていません。
浅野先生　そうか……大丈夫、夏山、わかったから。……ええわ。みんな座り。

生徒、それぞれ席に着く。嫌な沈黙。やがて、秋元が手を上げる。

秋元　先生、ヒサイシャって何のことですか？

比留間先生　（間）去年の、……卒業式の一週間前、大きな地震があったことを、皆、覚えていますか。
冬木　……『東日本大震災』（ホリゾント、照明変化）
浅野先生　佐々木さんは、直接大きな被害を受けた宮城県沿岸の中学校に通っていました。
春野　それじゃあ。
中越　まさか。
浅野先生　ご家族はいまだに行方不明で、地震直後に発生した津波で、家も、学校も、流されました。おばあ様が都内に住んでいはったので、この春、白梅中学校に転校してきてくれたんや。
秋元　……なんてこったい……。
浅野先生　佐々木さん、皆に話しておかなかったのは、おばあ様からのたっての依頼やったんや。夏山さんには学級委員ということで、先生から話した。それが何か問題がおこった原因なら、先生のせいやから、……すまん。このとおりや、みんな。
夏山　……いいえ、先生は悪くありません。
知波　で？　満足した？　だから最初から言ってたでしょ、ほうっておいてって。かわいそうな転校生だって思っていてくれればそれでいいから。
春野　佐々木さん！　そんな言い方はだめだよ。
知波　立派な学級委員さんも、優しいクラスメートさんも、私のことをかわいそうだと思っていればいいでしょ。
夏山　そんな言い方、やめて。
知波　だって事実でしょう。あんたたち、自分が何かできるとでも思ってるの？　せいぜいかわいそうだとか言うくらいしかできないくせに、だったらほうっておいてくれって、最初から頼んでたでしょ。
秋元　かわいそうで何が悪い。ああそうだよ、あんたかわいそうな人だったんだ！　それで今までのことがつながってきたよ！　かわいそうならかわいそうらしく、おとなしくしていればいいんだよ！
夏山　アキ！　やめて！　私がなんでずっと黙っていたって思うの？……クラスが、こんな風にバラバラになるのがいやだったからだよ？
秋元　……。
知波　あんたたちに私の気持ちなんか、わかるわけがないのよ。
冬木　そんなこと、ないわ。
知波　じゃあ、あんたたちに何がわかるっていうの。

冬木　それは……。確かに直接はわからないわ。私たちは子どもだもの。駆けつけるわけにもいかなかった。

春野　何もできなかった。ただ、何度も繰り返すニュースを見て、心を痛めていただけ。

夏山　ひどい三月だった。

比留間先生　朝から晩まで、東京では何度も何度も繰り返しテレビは地震のニュースだけを流していた。

秋元　校長室のモニターの音が一階の廊下に響いていて。

中越　こわかった。

知波　テレビが見られただけいいじゃない。私のとこは電気さえつながらなかった。

浅野先生　……そうやったろうね。

夏山　私たちはあの日、普通に授業を受けていて。

中越　六時間目だった。

冬木　午後、２時46分。

秋元　私たち二年生は授業、三年生は体育館で最後の球技大会で。

夏山　みんなで、グラウンドに避難して。

春野　これは避難訓練じゃないよ、っていつもは優しい副校長先生が怖い声で何度も言って。

秋元　グラウンドにいる間も、地面が何度も揺れて。

冬木　怖かった。

春野　本当に、こわかった。

冬木　地面が波打つのを、……初めて見た。

知波　『怖かった』？　はっ、笑わせないで。

夏山　天気が急に悪くなってきて。

春野　三年生はジャージのまま逃げてきていたからみんな寒いって言い始めて。

冬木　集団下校で帰ったの。

知波　そのあと、あの津波が来た。黒い波。あの黒い波が、すべてを飲み込んでいった。

春野　私は、家に誰もいなかったし、電気が切れていて、寒くて、怖くて。

冬木　弟と、真っ暗な中寄り添って、遅くまで母さんの帰りを待ってた。

春野　何度も、揺れて。

夏山　私とアキは、バス通学だったから、遅くまで家に帰れなかった。

秋元　駅まで歩いて、でもやっぱり電車もバスも動いてなくて。

夏山　それから二人でずっと歩いて、家に着いたのは真夜中だった。
冬木 電車もバスもめちゃくちゃで。
中越 お父さんは帰ってこられなかった。
春野 みんな、大変だったんだよ。
知波 ふざけないで。
春野 佐々木さん。
知波 大変って何よ？ 冗談でしょ！ あんたらの中で、公民館いっぱいに並んだ死体を見た人がいるの？ 父親や母親や、兄や妹がいるかもしれないと思って、寒い公民館の中で、死体の山の中を、何時間も、何時間も、家族を探したことのある人が、いるの？
夏山 それは。
知波 いるわけがないわ。凍えるように寒い体育館で薄い毛布を敷いて、寝たことが。……いきなり叫ぶ大人や、朝まで泣き止まない赤ん坊や、そんな中で、ひとりで、寝たことがある人がいるの？
中越 そんな。
知波 想像できるとか、大変だったね、とか、そんな表面だけの言葉なら、……そんなもの、いらない。
夏山 ……。
知波 すべてを流されることが、どんなことか、あんたたちには決してわからない。
冬木 だけど。
知波 絶対に、わからない。私には、もう、何もないの。小さい頃の写真もビデオも全部なくしたの。今も持っているのはあの時着ていた、この、制服だけ。東京でのほほんと暮らしていたあんたたちに、私の気持ちなんか、わかるはずがないわ。
春野 ……わからないよ。
知波 あの匂いやホコリは、あんたたちには絶対に、絶対にわからない。わかってたまるもんか！
春野 わからないよ！（春野、立ち上がる）だって、佐々木さんは今まで一言もそんなことゆってくれなかったもん！
夏山 春野……。
冬木 私たち、みんな佐々木さんと友達になりたいと思ってた。……でも、できなかった。
春野 佐々木さん、いつも怖くて、思いつめていて、何を考えているのかわからなくて、教えてくれればいいなって思っていた。
知波 言ったって、伝わるわけないじゃない。あんたたち東京の人間には、絶対にわからない。

春野　でもね、言ってくれないとわからないんだよ。
夏山　……そうだよ。
知波　私の家は海辺のあの家だけだし、私の家族はあの家族だけだし、私のクラスも、仲間も、友達も、担任の先生も、教室も、あそこだけなの。
夏山　それは違う。
知波　何が違うのよ！　ふるさとはね、変えられないし、何があっても捨てられないの。東京のあんたたちなんかと、一緒にしないで。
秋元　あんたの家族は今の東京のおばあちゃんがいるんでしょ？　あんたが嫌でもね、あんたのクラスは、今はここなんだよ！　三年Ｂ組なんだよ！
知波　違う！
冬木　違わない！
夏山　私たちはみんな、佐々木さんと友達になりたい。
秋元　あんたと一緒に、合唱祭でちゃんと歌いたい。
中越　そうだよ。
春野　みんな、そう思ってる。
知波　私は、あの村に、自分を置いてきたの。
春野　佐々木さん。
知波　本当の私はまだ、ふるさとにいるの。東京にいる自分は、本当の自分じゃない。宮城の、海辺の、あの波の音のする家が、私の居場所なの。今はもう何もなくなっているけれど、……目印も何もなくなって、泥と瓦礫しかないけれど、私はまだ、あそこにいるの。
春野　そんなこと……。
冬木　佐々木さんは、自分が幸せになっちゃいけないと思っているみたいで、そんなの、おかしい。
春野　それじゃあ、佐々木さんが、つらすぎると思う。
知波　当たり前でしょう。
秋元　そんなことない！
知波　みんないなくなったんだよ？　今もまだ、あの、泥の中にいるんだよ？　友達も、先輩も、後輩も、……みんな。私だけが生き残って、それで、普通に合唱祭とかクラス行事とか、できるわけないじゃない。……楽しいとか、うれしいとか、そんなこと……できるわけ、ない。
夏山　そんなことない。
知波　ふるさとは、ずっとふるさとなんだよ。無くなっても、帰る場所でなくなっても。私のふるさとは、あそこしかないの。今更、ここで、何もなかったかのように生きるだなんて、私には、できない。

浅野先生　……そうやね。ふるさとは、どんなになっても、ふるさとやからなぁ。
比留間先生　でも、それと、佐々木さんが自分を閉ざすのはちがうと思うのよ。
冬木　佐々木さんは幸せになっていい。
知波　……。
春野　佐々木さんは、幸せになってもいいんだよ。
浅野先生　佐々木、選ぶのは、自分や。
知波　……。
浅野先生　自分を受け入れようとしてくれるこのクラスメートと、新しい関係を築いていくことを選んでも、ええんや。ただ、今はまだ、キミはここでゆっくり傷を治す時期なのかもしれへん。せやから、急がんでええ。急がんでも、ええんやで。……そう、ですよね、『比留間先生』。
比留間先生　そうねえ。私は、16年前を思い出すわ、『浅野くん』。
浅野先生　比留間先生。
比留間先生　（完全な東北訛りで）あんね、佐々木さん。そげな経験さした人間、世界でたった一人、自分だけだと思っているかもしんねけどもな、それはちがうんだべ。
知波　え。
浅野先生　佐々木さん、比留間先生は岩手の陸前高田のご出身だ。春休みやゴールデンウィーク、夏休みの度にずっとあちらで震災ボランティアをなさっている。

第6場
私たち、ここからはじめよう。

比留間先生　私のことはよかんべ。浅野先生、話しても構わないかね。
浅野先生　……はい。
比留間先生　浅野先生はね、16年前の阪神大震災の被災者なの。
知波　！
浅野先生　まあ、ボクのことは、わざわざ言うことやなかったからね。
比留間先生　当時、まだ中学生だった浅野先生も、いろいろなものをなくしました。みなさんも、阪神大震災の、名前くらいは知っていますね？

中越　授業で……習いました。
比留間先生　佐々木さん。貴女がこの中学校に転入してくると聞いて、浅野先生はどうしても自分のクラスに入れて欲しいと校長先生に直接お願いに行ったのよ。
知波　どうして……。
冬木　阪神大震災は、16年前、1月17日。
春野　私たち、まだ、生まれてない。
浅野先生　あそこはほとんどが崩れた建物の下敷きになっての圧死でね。そのあとすぐに火災がおこって……。瓦礫に飲まれて、みんなつぶれて。水も止まってしまっていたから、消防車が来ても何もできなくて。そのまま、全部が燃えてしまったんや。
比留間先生　浅野先生は九死に一生を得て、生き残った。……そのあとは佐々木さん、貴女と一緒。伯父さんが住んでいるということで、浅野先生は東京に転校してきたの。
浅野先生　実はな、そのときの担任が、比留間先生なんや。
夏山　ええっ。
浅野先生　……そのころの自分は、無理に明るくしていてね。
比留間先生　佐々木さんとは逆に、『浅野くん』は無理に関西弁でまくしたてて、オオサカってあだ名が付けられるくらい明るく振舞っていたの。
浅野先生　今考えると、自分の心の空白をなんとかして埋めようとしていたんやろね。
比留間先生　だからね、佐々木さん。貴女の気持ち、わかるの。それをわかっている上で、敢えて、言う。せっかく生き残ったあんだが、自分の中に閉じこもっているのはな、すごく、もったいない事なんだべ。
浅野先生　佐々木さん。……ボクたちが、生き残ったことには、意味があるんや。
知波　意味……。
比留間先生　あなたたち東京の子どもたちが今こうして生きていることにもね、きっと、意味があるの。
夏山　そうなんでしょうか。
比留間先生　そうなのよ。
知波　そうなんで……しょうか。
比留間先生　浅野先生、もうひとつ、皆に話しても構わないかしら？
浅野先生　はい、この子たちのためになるのなら、何でも。

比留間先生　浅野先生は、火の中逃げて、逃げて、生きて逃げ切ってくれたんだけんども、ずーっと、自分が友達を見捨てたんじゃないかと思って、自分を責めていたの。

浅野先生　……そんなことも、言いましたね。

比留間先生　「逃げ遅れた友達の声が聞こえる」って、「友達が、瓦礫の下に今もいて、自分を呼んでいる」って。修学旅行のときは暗くすると眠れないって、結局先生たちのいる部屋で電気を付けたまま寝ることになって……実は、そんな中学生だったの。それでね、その後、浅野先生は自分と同い年頃だった子どもたちを一人でも救いたいと思って、中学校の先生になったのよ。

秋元　浅野先生……。

浅野先生　救うだなんて、今でもおこがましいと思ってますわ。せやけど、最後まで中学校に通いきれへんかった後輩や、同級生たち……残り三か月で三年生になるはずだった仲間、高校受験をして、卒業するはずだった先輩たち……みんな、ボクの中では、……まだ、中学生のままで生きてはるんですわ。

比留間先生　佐々木さん、貴女の言うとおり。ふるさとは変えられないし、捨てられない。ふるさとはどんなになっても……ふるさとのままなの。

春野　（しばし、間。）ゆっくり、元気になっていこうよ。

知波　そんなの、無理よ。私は、浅野先生みたいに、強くないです。

浅野先生　ボクも、強くはなかったで。ひとりになると、いつも、胸がいっぱいだった。……なんで、自分だけ生き延びたんだろう、なんで、みんなと一緒に、死ねなかったんだろうって、ずっと。……今も、考えている。でもね、ボクらは、今を生きるしか、ないんだ。

比留間先生　人は必ず死ぬ。明日死ぬかもしれない。死に方は選べないけどね、生き方は選べるの。

知波　みんなを、忘れるなんて私には出来ません。

浅野先生　忘れる必要はないんやで。

比留間先生　忘れられるもんでもないわ。

浅野先生　忘れられたら楽なんじゃないだろうかと、ボクも考えたことがあったよ。

冬木　でも、忘れちゃいけないんですね。

浅野先生　そうやね。忘れちゃいけない。

春野　……友達に、なろう？　宮城にいる佐々木さんの友達の、次でいいから。私。

夏山　あたしも。（クラスメートたちそれぞれ立ち上がる。）
冬木　私たち、何も知らなくって、もしかしたらすごく失礼なこと、言っていたかもしれませんわ。
知波　それは……私が、何も、言わなかったから。
中越　言えないよ。当たり前ですよ。
秋元　でもさ、あたしたち、これから急に仲よくなんて、できる？
浅野先生　そりゃ、できるやろ。キミたちさえ、仲よくなりたい思うんやったら。できる。
比留間先生　そうね。そんなに難しいことじゃないわね。
春野　できます。
冬木　私たち、まだ、何も話していない。
夏山　まだ、何も。
秋元　今から、始まるんだ。

知波、顔を上げ、春野たちの顔をしっかりと見つめる。

知波　……うん。
秋元　合唱祭、土曜日なんだ。一緒に舞台に立ってくれねえかな。
春野　ソプラノなら歌いやすいと思う。
夏山　だったら、同じパートだね。
冬木　佐々木さん、声きれいだもの。
中越　一緒にやりましょう。
春野　教えるよ。
秋元　そうだよ。
夏山　……私たち、ここから始めよう？

近づくクラスメートたち。

ＢＧＭ：大地讃頌の曲が流れる。生徒たち、顔を上げて歌い始める。

母なる大地の　ふところに
われら人の子の　喜びはある
大地を愛せよ　大地に生きる　人の子ら
人の子　その立つ土に感謝せよ

ＢＧＭ大きくなって、幕。

上演のてびき

田代 卓

3・11東日本大震災があった直後に、作者である小林円佳さんがやむにやまれない気持ちで書かれた脚本です。東日本大震災の後、それを題材にした作品が数多く作られ、その中には貴重な傑作もたくさんあります(その中のいくつかは日本演劇教育連盟編『脚本集3・11』に納められています)。このような大きな災害は皆が知っている、そして心を痛めた事件なだけに、共感を生みやすい反面、「実際に大きな被害を受けた人や肉親を失った人が見たらどう思うだろう」ということも意識しなければなりません。それを考えないでただ「面白い作品だ」と思って演じたら、それは被災者に対して失礼だと思います。けれど、反面、被災者でないものにとって被災者の方々がどう感じるかというのは上演してみて、観客として観てもらって初めて分かることで、やる前に結論づけるのは難しいことです。だから少なくとも言えることは、被害を受け傷ついた人が見ても分かってもらえるよう、真剣に取り組み、真剣に演じることではないでしょうか。それがこの作品を演じる上でもまず大事にしたいことです。

作者は東京の先生で、この震災の特別な被災者ではなく、またこの劇に出てくるような転入生がいたわけではありません。しかし、東京で3・11を取り上げる上で被災者の転入生がいたらという設定にしたわけです。だから、特別な地域・関係者でない中学生たちが演じるときには作者と同じように、自分が被災者の中学生だったら、またはその同級生だったらと想像し、そこに身を置いたつもりで考え、劇を作っていくと良いと思います。

▼教室の場面と津波のシーン

では、具体的に触れていくと、まず、この劇は大きく2場に分かれています。「第6場」までありますが、「第3場」と「第4場」の間に津波のシーンがある他は全て同じ教室の場面です。1～3場と4～6場の間には一日の変化があるだけで、その中では時間はそのまま流れていきます。

教室の場の作り方ですが、これは津波のシーンをどう作るかによって多少違ってきます。ト書きにあるように知波一人を照らして他の人物をシルエットで動かすとすれば舞台装置を全て一度ハケておかなければならないので、教室のセットは最小限にするべきです。椅子と机、もしくはイスだけでも良いくらいです。その場合、生のイスをそのまま使うのでなく、できればセットとしてのイス（例えば特別教室の四角いイスに色を塗るとか）を用意できると、舞台が抽象的なものになって、この劇の特殊な世界観が演出できると思います。

別の考えとしては、教室をできるだけリアルな物にして演じる手もあります。扉や壁までセットするかどうかは考え方次第ですが、セットがしっかりしていれば演技の助けになることは確かです。ただ、その場合、津波のシーンは音だけの表現になります。けれど、このシーン自体知波の心象風景で、必ずしも具体的な動きを必要とするものではないと考えれば、音だけで十分です。

▼セリフは相手役にしっかり伝えよう

あとは、この劇はセリフ劇（動きやその他の効果でなく、セリフの中身で全て伝える劇）なので、一人ひとりが人物になりきってセリフの中身をしっかりと伝えるべき相手役に伝えていくことです。間違っても前に向いてセリフを客席に投げてしまったり、不必要に叫んでしまったりしないように注意してください。ただし、第５場の冬木の「それは……。」から春野の「みんな、大変だったんだよ。」までは生徒たちの語りで、朗読風になっているので、そこは照明も変えて、客席に向けて語った方が効果的かと思います。この辺りは、どう演出するのが自然に見えるか工夫してみると良いでしょう。

最後に、題名になっている『大地讃頌』ですが、この歌は言わずと知れた中学校合唱コンクールの定番曲です。この曲が劇に出てくる理由は作者がこの震災の起こった時期、三年生の合唱練習の時期だったことに由来するようです。だから、直接地震との結びつきを考えすぎてもいけないでしょう。ただ、この歌自体原爆をはじめとする惨禍に対する大地の恵みを讃えた歌なので、自然の底知れない力への畏怖の念を感じながらそれでも大地の恵みを信じて、厳かな気持ちで歌を響かせたいものです。

モモタロウ？

若狭明美

おなじみ「桃太郎」の私的後日談？
桃から生まれて早15年。鬼が島に征伐に行った仲間たちは…
「3年生を送る会」向きの短い劇。

上演＝東京・世田谷区立奥沢中学校演劇部

登場人物

桃太郎（ジョン）　鬼退治後の桃太郎。キジ、サル、いぬ、鬼にこき使われている。体格のいい男子より細身の体格の男子がいい。

おばあさん　もんぺ姿

サル　三人は、桃太郎をこき使う役

キジ

いぬ

鬼　ツンデレな存在（桃太郎に対してツンデレだが、桃太郎の一番の協力者）

黒子　呪文によってカボチャの中から出てくる。手紙の運び屋。……おじいさんのような存在であってもよい。

1　鬼退治後のおばあさんの家　カボチャが流れてきた！

幕開けの音楽。「情熱大陸」のオープニングテーマ曲のような音楽。

舞台は、赤く、背後で音楽に合わせて飛び跳ねたり、踊ったりしている。（おばあさんを含めた全員）

舞台明るくなる。

おばあさんは、たらいと洗濯物を持ち、川に洗濯にでも行こうとしている。舞台前方中央に出てきて、客席に向かって、話す。

（おじいさんはいない。すでに亡くなっているという設定。）

おばあさん　今日もいい天気だねえ。さて洗濯に行くとするか。

舞台上には、桃太郎が働かされている。

鍬で畑の土起こしをしている。（何もない舞台。動きで表現する。）

近くでサル、犬、キジは、お茶を飲みながら、チェスなどをし、桃太郎をこき使っている。高飛車な感じ。

桃太郎、鍬を地面に入れ、土起こしをしながら、働いては、鍬をつき、ため息をつきながら、また働く。

おばあさんが舞台前方に歩いてくる。

おばあさん　思い出すねえ。あの日もこんな日だった。おおきな桃がどんぶらこっこ、どんぶらこ、……と。あのころは、わたしも若かった！　お肌もまだまだぴちぴちしてたよ！（と、はだをさわってうっとりする。）あれは、15年前だった。

突然舞台は、赤くなり、川上から（舞台下手側から）舞台前面を大きなかぼちゃを持った黒子が現れ、かぼちゃが流れてくるように動いてきておばあさんの前近くで止まる。

おばあさん　不思議ですねえ。今度はかぼちゃですよ！

おーい桃太郎！　手伝っておくれ。おおきなカボチャだ。
おばあさん　サルさん、キジさん、いぬさん、鬼さんも手伝っておくれ。
桃太郎　おばあさん、すぐに行きます。
キジ　なんで私たちも行かなくちゃいけないの……ジョン、ちゃちゃとやってよねー。
サル　あら、おいしそう！　パンプキンパイにしようかしら、スィートポテトもいいわねえ。
いぬ　かぼちゃは、甘煮がいちばんですよ。
鬼　天ぷらもいいねえ。
キジ　ジョン、はやく取ってよ！
鬼　ガンバレ！　ガンバレ！……ガンバレ、ジョン！
桃太郎　なんで僕だけなんだ、とほほほほ……いっつも、いつも俺だけだ……重い、重い、重い、おもーい、手伝ってくれよ！（鬼のほうを見る。鬼は、チアーリーダーのボンボンつきの棒を振って声援しているだけ）
鬼　桃太郎！　ガンバレ！　ガンバレ！
桃太郎　（鬼のほうを見て）おまえも　働けよ！（切れ気味）
鬼　しようがない。手伝うとするか。ジョンくーん（少しデレふう）……

2　ようやく引き上げたかぼちゃだが、なかなか割れない。

おばあさん　（包丁をふりあげ下ろす）ぜんぜーんだめだ。
いぬ　（けとばす）何だ？　これ、われろ！
キジ　私にかして。（舞台上を右に左に転がす）
サル　ゆでましょう。（おおきな鍋を持ってくる）
はーやく、おいしいパンプキンパイになれ！
はーやく、おいしいパンプキンパイになれ！
はーやく、おいしいパンプキンパイになれ！

かぼちゃは割れない。

おばあさん　（包丁をあてて）やっぱり、だめですねえ。
鬼　呪文だ！　呪文だ！　おい、なんか言ってみろ！
（いぬに向かって）
いぬ　プリキュア！　プリキュア！　ブルー、プリキュア！　イエロー、プリキュア！……だめだわ。
キジ　任せて、私がやるわ！　アバダケダブラ、アバダ

ケダブラ、アバダケダブラ、アバダケダブラ、アバダケダブラ、……だめだわ、ジョン、何か言いなさいよ。

桃太郎　バルス！（カボチャがパカッと割れる）バルス！

（カボチャの中から黒子が手紙をもって出てくる。）

いぬ・キジ・サル　「おー！」「ジョン、やるときはやるのね！」「やっぱ、ジョンくんねえ。」

黒子　（おじいさんのいでたちで）アーーア、疲れた！　疲れた！　働かせやがって！（と言って手紙を渡し、「疲れた、疲れた、いつまでも閉じ込めておくなよ！」といって退場する。）

桃太郎が、受け取り、手紙を読む。

音響「情熱大陸」のエンディングテーマ曲ふうの曲が流れてくる。

桃太郎　三年生の皆さま、私たちの劇を3年間も観て拍手していただき、とてもとても感謝しています。（周りのメンバーが大げさに泣き出す。）わがままな私たちを見守って助けてくださって、本当にありがとうございました。……

音響、消える。

劇の進行とその場の客席との関係が混在してくる。

いぬ・サル・キジ　桃先輩！　東京さ、行くって（なまった表現で）本当ですか？

桃太郎　ああ、おれ！　おれは、東京に行って立派な板前になるんだ!!

鬼　別に寂しくなんかないんだから……（ツンデレふうにことばとは反対に泣いている。）

おばあさん　（先生役になる）いい学校だ！

サル　みんなでやった、あれ！　やりましょう！

いぬ　あれ？

キジ　あれしかないよ！

いぬ・サル　やりましょう！　やりましょう！

音楽「マルマル、モリモリ」が流れてくる。

一同音楽にあわせ、踊る。

踊りきって。

おばあさん　フー。

サル　やりきったー！

裏方も出てきて、
一同が口々に、

先輩、ありがとうございます！
ありがとうございます。
ありがとうございます。
先輩、ありがとうございます！

紙吹雪が飛んでもいい。（桜を思わせるピンクの紙の吹雪を使う。）

——幕（「ありがとうございます」で閉め始める）

上演のてびき

若狭明美＋星　陽子

▼作者から

三年生を送る会で上演しました。鬼ヶ島で活躍した桃太郎が里に帰ったあと、どんな生活を送っているのか……？　猿・キジ・犬の子分たちに恩を売られてこき使われたり、退治した鬼も一緒に暮らしていたりと、意外性があります。最後には桃太郎も里での生活を卒業して東京へ（？）旅立ちます。カボチャが開いて入っていたのは黒子と三年生への感謝の手紙でしたが、それまでは肩の力を抜いて、コントのように演じてくれればと思います。野菜はカボチャでなくとも、思い入れがあるならカブでも、リンゴでも変更していただいて結構です。

当時の部員たちのキャラクターに合わせて書きましたので、演じる際も、登場人物の性質を生徒に合わせて適宜変えてくださったらと思います。個性を活かすことが一番大切です。

ダンスは当時流行っていた「マル・マル・モリ・モリ」を踊りましたが、こちらも、お好きな曲に代替可能です。ダンスではなくマジックなど披露しても楽しそうですね。

桃太郎や鬼、動物たち、おばあさんの衣装などは、色をそれらしく揃え、耳・尻尾やカツラをつけるなど再現にこだわりました。これらはキャラクターに合わせ作りこむと説得力が生まれ、オチが際立ちます。

カボチャは、人の隠れることのできる大きさのセットをベニヤ板で作りました。舞台映えし、存在感が出ました。

照明は、ラストの上京を告げる小芝居だけ大胆に夕焼けの色（赤と黄色）でライトアップしました。ダンスは楽しげな色のライトで照らすと盛り上がります。もし教室など照明設備のない場所で演じるなら、これらは省略しても問題ないでしょう。

楽しく上演していただければ幸いです。　（若狭明美）

▼衣装について

演出した顧問の立場から補足します。

初演は、鬼は赤色のTシャツと赤のパンツで赤鬼にし、黄色地に黒で描いた縞々パンツ風の布を巻き、カチューシャに手製の角をくりつけ、黄色の角が頭頂にできあがりました。

キジは、おしゃれな白い木綿のワンピースふうブラウスに黒のスパッツ、黄色のスカーフなどを使って尾羽根を着けました。サルは茶色の上下に耳と尻尾を着けてみました。犬にも耳や尻尾を着けて、それらしく表現しました。サルとかぶらない薄茶色にしました。

桃太郎は、絵本に描かれている定番のスタイルにこだわってみました。桃の描かれた白いはちまき、羽織（運動会で使った青い羽織があった）、もんぺ風のスタイル、刀を腰に差し、鬼退治のときと同じようないでたちですが、ジョンと呼ばれています。「ジョン」は、最初に付けた題が「ピーチ・ジョン」としたためでした。ほかの呼び名でもいいのですが、気に入っていました。

衣装は、これらにこだわらなくても、部員たちで話し合い、工夫して作っていくと楽しい作業です。衣装を着けた役者たちが並んで、バランスをみておくことを早めにしておくといいと思います。

▼大道具について

サブロク（3尺×6尺／約90cm×約180cm）のベニヤ板一枚を使って作った大きなかぼちゃを、キャスターを付けた台の上に教室の机を固定して置き、その机にくくりつけ、移動可能なものにしました。台上の机の脚を持って動かし、川を流れてくるふうにし、割れないかぼちゃをキジが、舞台上を上手へ、下手へと動かしました。ふたの部分を開けて黒子が登場し、「感謝の手紙」を渡した後、再びかぼちゃとともに川を流れていく感じも出しました。

キャスター付きの特別あつらえの人形立て2〜4台に乗せて固定する移動手段も考えられます。これだと、縦に二つに割れて黒子が出てくる工夫ができそうです。初演は、あるものを利用したので、上が開く形になりました。

意外性で観客を楽しませる工夫をしてみてください。

道具作りは、時間がかかります。けれど、くぎを打ったり、色を塗ったりすることは、生徒たちが大好きなことです。計画的に取り組めば、達成感もひとしおです。

演技の面で、無対象の演技があります。「鍬で畑の土起こし」というところは、実際の鍬を借りて練習し、上演は無対象の演技で行いました。土の重さを出すのは難しいところでした。田植え風景もしてみました。それらしく見えるように、部員も見合ってアドバイスし、稽古しました。

舞台上の何もない空間が、田畑の広がりを連想させます。農作業の仕方と立ち位置で表現できます。

短い劇ですが、楽しく観ていただけ、楽しく準備し、演じることができました。

（星 陽子）

人形館

渡辺 茂

夜更けに、郊外のさびれた人形館に入り込んだ少女。
一夜を過ごさせてもらうことになり、疲れて眠り込む。
真夜中、人形たちが動き出し……。

上演＝東京・豊島区立駒込中学校演劇部　［写真＝小山内徳夫］

登場人物

少女（春野《はるの》香《かおり》）

おばさん

人形Ａ（ピッチ）

人形Ｂ（ハッチ）

人形Ｃ（チャップ）

人形Ｄ（チョップ）

人形Ｅ（ラン）

人形Ｆ（ダン）

人形Ｇ（ガム）

人形Ｈ（メリー）

人形Ｉ（ジャック）

妹

母

友達１

友達２

舞台は青っぽく、ところどころに裸電球に似た光がポツンポツンと点ついている。ここは、街はずれのさびれた人形劇の小屋。舞台の人形は動かず、シルエットになっている。(舞台装置は、少々不気味な感じを与えるのが好ましい)

その青っぽい闇の中、一人の女が出てくる。ほうきやバケツを持っているところをみると、掃除のおばさんだろうか……。

おばさん あーあ、やけに風の強い日だねえ。こんな日じゃ、客足も落ちるね。まあ、こんな日じゃなくったって客足は落ちてんだけどさあ。こんな街はずれにある小屋だからねえ。(電気つける)ウワァー、きたないねえ！ 最近の客は質も落ちたねー、まったく。なんかものを食べなきゃ人形劇一つ見られないっていうのかねえ。第一、集中力ちゅうものがないよ。すべてを忘れ人形劇の世界に入っていく、それがないよ、まったく！ 世の中に夢が！ 夢がなくなっちまったんだねー。それだけ、ふしあわせな世の中なんだねー。昔はよかった。この小屋が建って間もない頃……。それにしてもキタナクなったねえ！ これじゃ……、まあいい。そう！ あの頃、小屋は期待で胸をワクワクさせた子どもたちでいっぱい。あたしは、人形のおねえさん。(なんだか若々しげになって)「さあみなさん、これからとってもおもしろい人形劇の始まりですよぉ。今日のお話はどんなのかな？ そう、ピーターパン。よく知ってるわねえ……」(急に上手の方をふりかえり)だれだい？そこにいるのは！

暗闇から笑い声と拍手、つづいて一人の少女、出てくる。

少女 なかなかおもしろいわ、おばさん。ちょっと座らせて……。(勝手に椅子に座る)今日は一日中歩きどおし……。

おばさん なんだい、まだガキじゃないか。今日の人形劇はとっくに終わったんだよ。まあ、また、明日《あした》くるんだねえ。夕方の部は六時からだよ。

少女 人形劇？ ああ、そういえば、ココ、なんとか人形館だったわねえ。

おばさん 夢里人形館だよ！ 夢の里って書くんだよ。

アレッ、なんだいあんた、人形劇を見にきたんじゃないのかい？

少女　えっ、ええ、もっと早くココに着けば見たかったわあ。失敗しちゃったなぁ。でもいいわネエ。夢の里の人形の館かぁ。ああ、あれが人形？（人形の方にいこうとする）

おばさん　ダメだよ！　人形を見たいなら、明日またくるんだねえ。さあ、お帰り。ガキの時間はもう終わりさ！

少女　失礼ね！　もうガキじゃないわよ！

おばさん　フン！　ガキっていわれるのがそんなにいやかい。それなら、さあお嬢さん、いい子はもうお家に帰って、お休みする時間だよ。さあいい子……。

少女　バカにしないでって、言ってるでしょ！　私にはもう帰る家なんてないの！　眠るのも、食べるのも自分の自由！　一人で生活しているのよ。子どもじゃないのよ！

おばさん　へえ！　おまえさん、家出でもしてきたのかい？

少女　えっ、そ、そんなんじゃないわ。……い、今旅してるの。さしあたり、ここからいえば、北の方にあるN街にいくつもりなの……。

おばさん　ホー！　あの街にねえ。それで、あの街になにしにいくんだい？

少女　え？　なにしに？……そんなものないワ。

おばさん　へへへへ。……逃げようっていうのかい？この街を。

少女　逃げる？　ハハハハ。……出発よ！　自由を求めて！

おばさん　ふん、自由を求めてね。

少女　そう。……でも疲れたわ。ねえ、おばさん。今日ここに泊めてよ。

おばさん　ホー。本当に家に帰らないっていうのかい？家では心配してるって思うんだけどねえ。

少女　心配してる？　もうそんな言葉、聞きあきたワ！

おばさん　そうかい。ウヒョヒョヒョ。……それじゃ、あたしのかわりにココの掃除をやってくれるかい？

少女　ええ、やるわ！

おばさん　それじゃ、コレが道具と、ゴミ箱は、あそこ。まあボロボロの椅子だけどなんとか眠れるよ。毛布が、ほら、あそこの奥にあったはずだ。……それじゃ、ちゃんとやるんだよ！

少女　はい、ちゃんとやっときます。

おばさん　あぁ、人形には触れちゃいけないよ！　それから、人形に話しかけられても、答えるんじゃないよ！

少女　えっ、人形がおしゃべりするの？

おばさん　いや、ひょっとしたらだよ！　夜の人形館って、なんだか気味が悪いだろう。

少女　だいじょうぶ。私、人形って好きなの。子どもの頃、人形の世界に住んでみたいなぁ、なんて思ってたわ！

おばさん　そうかい。あんたが人形になれば、カワイイ人形になるね、きっと……ああ。小屋の鍵はかけとくよ。何かとぶっそうな世の中だからねえ。

少女　ええ、いいわよ。朝までココにいるから……。

おばさん　そう、そう、朝までね。……それじゃ、おやすみ。ヒョヒョヒョヒョヒョヒョ……。

少女、おばさんを見送る。

少女　アーア、これでいい。それにしてもボロッチイ人形小屋ね。ボロ里人形館って感じね。でも、あんな家よりよっぽどましよ。あんな家なんて、絶対帰るもんか！　でもどうしようかなぁ。本当にあの街へ！……あら、おばさんのがうつっちゃった。……あの街か！ああ掃除しなくちゃ。……でも、ちょっと休んでからね。疲れた……。

小女、椅子に腰掛け、眠りに落ちる。舞台、暗くなる。何時かをつげる時計の音。音楽「人生はお祭りだ！」。その音にのって人形たち動きだす。初めカタカタと、だんだん滑らかに。

人形Ａ　自由だ！

人形たち　自由だ！

人形Ａ　時間だ！

人形たち　オー！（歌いながら踊る）

♪　糸を切れ　糸を切れ
幕を上げろ　幕を上げろ
僕らの時間だ！
時計よ止まれ　明日よ来るな
僕らのこの手　僕らのこの足　自由に動け
人生は　人生は　今！　お祭りだ！

人形A　みんな！　元気か？

人形たち　オー！

人形B　俺らの時間がやってきた！　めいっぱい騒ごうじゃないか！

人形たち　オー！

人形I　（人形Bにつっかかって）やいやい、てめえ、なんで出しゃばんだよ！　それは、今日俺っちが言おうと思ってたんだぜ！

人形B　なに！　一番弟分のくせになにいってんだい！　ピッチの次は俺なの！

人形I　それが気にくわねえんだよなあ！

人形E　うるさいわねえ、もう！　せっかくお化粧直せるのに、静かにしてよ！

人形I　なにを！　てめえなんか化粧してもどうにかなる面《つら》かよ！

人形B　そう、そう。

人形E　よくも言ったわね！

人形C　ま、待ってくださいよ。せっかくの楽しい時間がだいなしだよ。

人形G　ボ、ボクもそう思うな。

人形D　そうです、そうです。こういうことでは、だいたいイメージがくずれますよ！　第一ですね、昼間、子どもの前で演技する。それはいいとしましょう。その性格が現時点において余韻を残すとすれば、これはすなわち深層心理に演技する役の性格が多くの影響を与えているという現実の現れであり、それはつまり……。

人形B　うるせえんだよ、チョップ！

人形I　また出しゃばる。

人形E　本当！　うるさいわね。

人形C　待ってくださいよ。

人形F　こまるなあ、こうなっちゃうと。

人形G　ボッ、ボクはですね、とにかくここは一回静かにしたほうがいいと……。

人形I　（人形Bに）てめぇがひっこめばいいんだ！

人形B　なにを？　おめぇがいつもつっかかってくるんだろ？

人形E　なんにしても静かにお化粧くらいさせてよ。美容に悪いわ、こううるさいと。

人形D　この現象は役をやっていた非常なるキンチョウが、しかし、ハッチやジャックがキンチョウしてんのかねえ。

人形F　（人形Aの所に駆けていって）ピッチ！　なんとかしてよ！

人形A　（大声で）うるさい！　ハッチもジャックもランもチョップもいいかげんにしろよ！（シーンとなる）レクリエーションもいいが、いいかげんにしないと本当にやってるって思われるだろ？　時には僕の声を聞く前にやめたら？

人形たちいっせいに言う。人形I「ああおもしろかった」　人形B「なかなかよかった」　人形E「せいせいしたわ」　人形C「まあまあだね」　人形D「今日はあまり長くやれなかったなあ」　人形F「楽しかった」　人形C「ぼくは、もうちょっとやりたかった……な」　人形H「もっとセリフふやしてよ」などなど。そして、それぞれ笑う。

人形A　ところで、なんか変な奴が入ってきてたな。

人形B　おお、そうだった。

人形F　（少女に近づいていって）眠っちゃってるみたい。

人形C　そうだね。だいぶ疲れてたみたい。

人形B　なんだこいつ！　ソウジもしねえで。あのババアも気に入らねえが、もっとやな感じだな！

人形I　そう！　なまいきで、ウソつきで！

人形G　ボッ、ボクもウソをつくという点では、キ、キライですね。

人形I　て、てめえ、黙ってろ！　おまえが出ると、どうも調子狂うんだよな！

人形G　し、しかしですよ。ボッ、ボクは……。

人形B　ああ、ああ、いいから引っ込んでな。おい、おどかしてやろうぜ！

人形I　おー！　やろうぜ！

人形F　おもしろそう。

人形E　待ちなさいよ！　女の子が眠ってるでしょ。途中で起こすと美容に悪いじゃない！　そのうち起きるわよ。

人形H　そうね。……きっとまじめな子よ。起きてからソウジもちゃんとやると思うわ。なにか悩んでるのねえ。かわいそう！

人形B　ケッ！　いい子ちゃんぶって。引っ込んでな。ちょっと脅かすだけなんだから。

人形I　そう！　ここは、ちょっと脅かそう。だいたいいつもつっぱってる人間どもだ！
人形B　おまえもいいかげんつっぱってるだろう？
人形I　なに！　人間と一緒にする気か！
人形B　やろうっていうのか！
人形A　まちな！　レクリエーションは今はやめだ。本気でやってるとすると、まるで人間だ！
人形たち　そうだ！
人形C　そう！　僕らはもっと陽気に明るくいかなくっちゃ。……でも、人間がこの時間にココにいるなんてひさしぶりだよねぇ。ちょっと楽しもうよ。ね！
人形A　まあ、この子の話も聞いてみたいし、とにかく起こすことにしよう。みんな、ちょっときて。

人形たち、「はーい」「おう」とか言いながら、人形Aの周りに集まり、相談をする。

人形A　よし！　それでいこう！

人形たち、「はーい」「おう」とそれぞれの場所へ。人形Cが少女のそばに立つ。

人形C　じゃあ、始めようよ！　ええと、この子の名前は……。

人形Fはすでに少女の手帳を持っている。

人形F　ええと、S町三子目、ハルノカオリ。ヘッ、ハルノカオリだって。
人形G　ハ、ハルノカオリというと、どんな香りかな？
人形D　まかしといてください。ハルノカオリ、まずこの典型としてジャスミンの香りをあげましょう。でも、それだけではありません。今にも萌えいずる若草と土の香りが交じりあって、朝はその上に水玉のはじける香りをアレンジしなければなりません。すなわち、この水玉というのは……。
人形B　うっせえなあ。だまれよ！
人形D　しかし、ガムくんが……。
人形I　うるさい！
人形E　でも、ハルノカオリなんて、ロマンチックな感じでいいわねえ。ジャスミンね。うん、なかなかあってるって感じ。
人形I　てめえも、また！

人形A　進行！　チャップ、まかせるよ。
人形F　そうよ。チャップやって。
人形C　ウン。みんな、少し下がってくれないか？（人形Fに）ハルノカオリさんですね。
人形F　そうだよ。
人形C　えっと、学校にいってますね。
人形F　そう。S中学三年。
人形C　じゃ、（ちょっと声を変えて）カオリさん、カオリさん、起きなさい。学校に遅れますよ。カオリさん。
少女　ウーン、ウーン、もうちょっと。
人形C　なに言ってるんですか。早く起きて。仕度なさい！
少女　ウーン、今、何時？
人形C　八時をとっくに回ってますよ！
少女　えっ。（ビクッとして顔を上げる）
人形全員　おはよう！
人形A　ようこそ、この僕たちの世界、夢里へ！
少女　（驚いたようすで）アナタタチハ……。
人形A　そんなに驚かないで。ほら、ごらんの通りの人形ですから。
人形B　そうです。人形です。
人形C　僕たちは、子どもに親しまれ、幸福を売り、純粋に楽しさを求め、自由で快活、
人形E　そして、あくまでもかわいい、
人形F　夢里人形館の人形です。
人形G　その、に、人形です。
人形H　永遠に親しまれ、永遠に生きる！
人形I　この街のアイドル！　カッコイイ人形！
人形A　分かりましたか？
少女　に、人形って、あの、操り人形？
人形A　あやつり？「あやつり」っていう意味は分かりませんが、れっきとした人形です。
人形C　自己紹介しようよ。ね、ピッチから。
人形A　では、私から。（「雨ふり」のメロディにのせて）ピッチ！
人形B　ハッチ！
人形C　チャップ！
人形D　チョップ！
人形E　ラン！
人形F　ダン！
人形G　ガム！
人形H　メリー！

人形Ⅰ　ジャック！
少女　ハハハ……。おもしろいのね。
人形たち、踊り手のように挨拶。
人形C　みんな、なかなかいい名前でしょ。もう一度やるよ。
人形たち、もう一度やる。
少女　ハハハハ……本当、すぐ覚えられそう。わたし、春野……。
人形たち　カオリ。
少女　えっ？
人形A　さあ、みんなおもてなしをして！
人形たち、「はーい」「ウッス」。せわしく動き、テーブルなど用意する。全てパントマイム。
少女　（ほっぺたをつねり）あ、いた。夢じゃないみたい。なにがなんだかわからないけど。まぁ、いいわ。

人形E　さあ、ワッキーなど召し上がれ。美容にいいのよ。ダン、つまみ食いはダメよ！
人形H　メロリンなどお飲みになりますか？
少女　えっ。ええ、（飲むまね）おいしいわ！　これ、なんでしょう？
人形D　そうですか。説明しましょう！　デンダという木の実を四十七日間、チャッチャッという葉を六十三日間よく干しまして、混ぜ合わせます。そのあと、カリンの皮を燃やして、三日三晩いぶしますと、メロリンの原料となる……。
人形Ⅰ　チョップ、また出しゃばる！　うるせえんだよ、おめえは！
人形D　まぁまぁ、そのメロリンの原料ができますと……。
人形B　黙れよ！
人形D　しかし、香さんが……。
人形B　聞いたって、分かりゃしねえよう！
人形G　ボ、ボクにもわからないなあ。それ本当？
人形C　まあ、いいじゃないですか。メロリンって僕も初めて聞いたけど、香さんが喜こんでくれればいいじゃないですか！

人形A　そう！　そこですよ諸君！　よーく聞いてください。メリー、メロリンというのは、今、君が想像で作りだした。そうでしょ？
人形H　そう！　お客様がきたからなにか飲み物をと……。
人形A　なるほど、気がきいてますね。
人形E　あら、私のワッキーは聞いてくれないの？　美容にいいのに。
人形I　誰も相手にしねぇよ、おまえのことなんて！
人形A　ジャック、シャーラップ！　本題に入ります。メリーもランも今想像で作ったモノを、今想像で用意したテーブルに置いた。それを香さんは「おいしい」といって飲んでくれた。素晴らしいとは思わないか、諸君！

人形たち「すばらしい」「いいぞ！」などといいながら拍手。

人形A　香さん。あなたは私たち人形の世界にすぐ入ってこれたということです。人間の中にもこんなにも素晴らしい人がいた。

人形たち、いろいろなことを言って拍手。

人形A　香さん。あなたみたいな人がよくあんな夢も希望もない人間世界にいれますね。
人形C　そう。まったく不思議。
人形F　おかしいね。
人形E　そう言えばそうね。
人形B　不思議だ。
人形I　不思議だ。
人形D　それは、すなわち香さんが精神のキャパシティーが大であるからといえます。なぜ不思議かというと、人間という生物においては、その精神容量、いわゆるメンタルキャパシティーがこれほど大きい……。
人形I　もう、うっせいなあー！　おまえが出ると話がこんがらがるんだよ！
人形G　で、でも、こ、こんなこと不思議がるのが、不思議だと思う。
人形A　そうです、ガム。僕らの世界ではなんの不思議もない。でも、香さんは、人間世界の人です。
少女　私、ほんとはいやなの！

人形A　何がですか？

少女　あなたたちが言う人間世界がよ！

人形D　やっぱりそうですか。そうでしょうとも。そもそも人間というものは……。

人形A　チョップ！　ちょっと黙っててくれないか。みんなもちょっと下がっててくれないか。

人形たち、後ろに下がる。

人形A　香さん、ところで何故逃げだして……、あ、これは失礼。何故出発してきたんですか？

少女　えっ、おばさんとの話を聞いてたの？

人形F　もちろんさ、僕たちには耳もあれば口もある。ただ、ある時間、ちょっとおとなしくしてなきゃならないだけさ。

人形B　まあいいからよ。俺たちを仲間と思って、なんでも話してみ！

人形A　そう！　そう、最近の人間界のことを話してくれませんか？　僕らのこの世界には「昨日《きのう》」というものがないのです。

少女　昨日がない？

人形たち　そう。昨日がないのです。

少女　そう。それはいいわね。今日ね。今がすべてってことね。

人形たち　そうです。今がすべてです。

少女　いいなあ。わたしもそうよ。でも、みんな分かってくれないの。……昨日までのわたしは……。

「昨日までの……」に重なって「かごめかごめ1」のイントロ。舞台は暗くなり、人形たち手をつないで少女の周りを歌いながら回る。

人形たち

♪　かごめ　かごめ　かごの中の鳥は
かごめ、かごめ、かごの中の鳥は
いついつ出らりょ……。

その円陣が解けると、向かい合った椅子に座る少女・香と妹・さやかが現れる。二人は食事するパントマイム。
母が出てくる。

母　香。なんです？　その食べ方……。

香　ごちそうさま。（席を立つ）

母　ちょっとお待ちなさい。まだ半分も食べてないじゃないの。

香　うるさいな！　もうたくさん。もう聞き飽きた。

母　また、そんな勝手なことを言って、お母さんはね、あなたにお食事を作法通りにちゃんとして欲しいだけなのよ。いつも言ってるでしょ。将来困る時がくるんですよ。あなたみたいにめちゃめちゃなことをやってると……。

香　やめて！　もうたくさん！　とにかくあなたが言う、お茶わんの持ち方、箸の使い方、食べ方の順序から、なにもかも聞きあきたの……わたしがわざとやってるのが、まだわからないの？

母　聞きあきた？　だったらちゃんとやりなさい！　サヤカはちゃんとやってるでしょう。

香、いこうとする。

母　ちょっと待ちなさい。聞きたいことがあるのよ。

香　まだなにかあるの？　毎朝、毎朝よく言うことがあるわね。

母　香、あなた最近、小林さんや梶原さん、小沢さんとは付き合ってないというじゃありませんか？　どうしたんです？　それから、日野さんとかいうガラの悪い子と付き合ってるっていうじゃありませんか？　どうなんです！

香　誰と付き合おうとわたしの勝手でしょ！

母　いいえ。お母さんが言ったでしょ。あなたくらいの年頃ではお友達は大切なんですって。だから、お母さんは、あなたに適した小林さん、梶原さん、小沢さん……。

香　うるさいな！

妹　お母さま。ごちそうさま！

母　はい、ごちそうさま。

妹　もう時間ですよ。お父さまの方はいいの？

母　あっ、そうね。香、いいわね。あなたにはお母さんの選んだお友達がいるのよ！　何か不満があるなら、わたしにおっしゃい。何とかしてあげます。

香　わたしの友達はわたしが選ぶって言ってるでしょ！

母　まだ分かってくれないの？　お母さんはあなたのことを思えばこそ、あなたの将来を考えればこそ言ってるのよ！

香　違うでしょ？　あなたは、私を自分の思い通りにしたいだけ。もう私にかまわないで！　私は、私の考え通りにやるんだから。
母　あなたの考え通り？　今のあなたに何が考えられるというのですか？
妹　お母さま！　お父さま、遅れちゃうわよ！
母　あっそうね。（いきかけて）香。学校から帰ったらゆっくり話しましょう。

母親、去る。妹、それを確かめて、

妹　おねえちゃん、ヨーリョー悪い！　ママの言うことなんて適当に聞いてりゃいいのに、何事もフリをするって大切よ。言うことを聞くフリ、勉強するフリ……。何ムキになってんの？
香　うるさい。
妹　だって、ムキになったって何も得しやしないわよ！お姉ちゃん最近ちょっと変よ。入試近いんでしょ？勉強、大丈夫？
香　おまえには関係ないでしょ！
妹　関係あるわよ！　お姉ちゃん高校落ちたりすると、私、友達に会わせる顔ないのよ。お姉ちゃん頭いいことになってんだから！
香　さやか！　お前どうしていつもそうなの。周りのことばっかり気にして……。
妹　あら、だってカッコ悪いでしょ、お姉ちゃんだって高校落ちたりすると……。
香　カッコいい、悪いじゃないでしょ、そんなことは。
妹　あっ、もう遅れちゃう。私、ほんとうに心配してんだ。ほんと、がんばってね！　かわいい妹のためだと思ってさ。

妹、駆け去る。
香、何か言おうとするがやめる。
舞台、暗くなり、「かごめかごめ2」の歌。
その円陣が解けて、人形たちがいなくなると、椅子もなくなっている。

人形たち
♪　かごめ　かごめ　かごの中の鳥は
かごめ、かごめ、かごの中の鳥は
いついつ出らりょ……。

香、何か考えるように上手に。下手から二人の少女出てくる。

友達1　春野さん、あなた、先生と何話してたの？
香　何って、ほら、生徒会行事のことよ！
友達2　なんだあ。
香　なんだあって、あなたたちくやしくないの？　私たちの提案一方的にけられたのよ！
友達2　あたしたち、あなたが目立とう精神で、あることないこと反抗しているのかと思ってたの。
香　なんてこと言うの！　私、私たちの考えで、私たちの力でやりたいだけ。先生の言いなりなんてまっぴらよ！　あなたたちもそう思うでしょ。
友達1　まあね。でも、自分で苦労してやってみたいと思わないわね。
友達2　そうよねえ。少なくとも、あなたみたいにギャーギャーいう気にはならないわね。
友達1　そうよ。春野さん、あなた最近ちょっと変よ！
香　何が変なの？
友達2　言っちゃ悪いけど、ちょっとヒステリーって感じ。
香　あなたたちには、私の気持ちがわからないのよ！　いつも人のいう通り、なんでもやらされてる人たちにはね！
友達1　そう？　私、自分の思う通りにやってるだけよ。あなたから見ると、なんでも言う通りって感じに見えるだけじゃないの？　ねえ、そう思うでしょ。
友達2　そうよ！
香　それなら、あなたたちの自分の考えってどこにあるの？　自分で考えて、何かやってみたことあるの？
友達2　そんなこと考えてみたこともないわね。人の考えだとか、自分の考えだとか……。
友達1　あなたがちょっと考えすぎただけよ。
香　違うわよ！　あなたたちは作られた生活に慣れきってて、今の自分がわからないだけよ！　そう！　操り人形になってる自分にも気づかないのよ！
友達2　操り人形？　アハハハ……。それが考えすぎって言ってるのよ！
友達1　わたしたちが操り人形なら、みんなそうじゃないの。あなたも含めてね！
香　そうよ！　みんな、操り人形よ！　わたしはそうじゃないようにするのよ！　あなたたちとは違ってね！

友達1　へえっ、それじゃ、やってみせてよ！

友達2　そうよ！

香　あなたたちから言われなくったって、やるわよ！　まず、あなたがたみたいに腐りきった人たちとは絶交よ！

友達2　腐ってる、ですって？　私たちから絶交してやるわよねー！

友達1　そうよ！　まあせいぜいがんばってね。でも、あなたから言わせると、みんな腐っちゃってるんでしょうね。大変ね！

少女たち、笑いながら下手に去っていく。

香　そうよ！　あなたたちも、ココも、何もかも腐ってるわ！　腐ってるわ！

舞台暗くなり、「腐ってる」のイントロ。人形たち出てくる。

人形A　これはひどい。腐ってますね！

人形B・I　腐ってる！

人形C・D　腐ってますね！

人形F・G　腐っちゃってます！

人形E・H　腐ってるわ！

人形たち　（人形たち、香を中心にして歌い踊る）

♪　くっくっくっくっくっくっ腐ってる
くっくっくっくっくっくっ腐ってる
人間なんて、みんな、
くっくっくっくっくっくっ腐ってる
明日《あす》のためにと　今日をごまかし
お前のためにと　人を操る
くっくっくっくっくっくっ狂ってる
くっくっくっくっくっくっ腐ってる

人形A　諸君！　この人間世界の現実！　そして、この現実の中で暮らしてきた香さんの気持ちを察しようではないか！

人形たち　そうだ！

人形I　俺っちは怒《いか》った！　俺は怒《いか》ってる！

人形B そうだ！　みんな、怒ろう！
人形E そんなカッコつけなくたってだれだって怒ってるのよ。それよりわたし、香さんがかわいそうで……。(泣く)
人形B てめえこそカッコつけなくたってだれだって……

人形B てめえこそカッコつけんじゃないよ。みんな、泣きまねってわかってんだからよ。
人形E (けろっとして) あら、どうしてわかったの？
人形C それは、わかりますよ。ランさんが泣いて化粧をくずすようなことはしないでしょ。
人形I まったくそうだよ！　もう、ミエミエなんだから！
人形E あら、悪かったわね。
人形H もう黙って聞いてりゃあ、自分のことばっかりで、本当に香さんのことを考える気あるの？
人形D そうです、そうです。まったくですよ！　いいですか、みなさん。この香さんの腐敗しきった環境での生活の中で精神的打撃、すなわちメンタルショックというべきものは、一つに、自分自身が自分自身のありのままを出せないというアウトプット、シャットアウトショックと言うべき欲求不満と、二つに、それを出せば、周りの力で排斥されるという……。
人形B ちょっと待った！　どうもお前が言うとチンプンカンプンでわからん！　なんか、気持ちがこもっとらんような気がするんだなあ、俺は。
人形D なんということを言うんです！　僕は、香さんの気持ちをその状況と合わせ、考え、分析し、その中から解決を……。
人形A セーシュクに！　チョップの言うこともわからないではありませんが、みんな、香さんの昨日までの生活がわかり、香さんというものもだんだん分かってきました。そこで僕らのやるべきことは一つ。この問題の解決です！　香さんを助けることです！
人形たち (拍手しながら) そうだ！　そうだ！
人形A それでは、例の通り、夢里裁判所を開廷します！　さあ用意して！

人形たち歓声をあげて、歌「楽しめ裁判！」の音楽に合わせ、それぞれ楽しそうに裁判の準備をしていく。

人形たち
♪ 裁判だ！　裁判だ！　夢里裁判だ！
裁判だ！　裁判だ！　夢里裁判だ！

待ちに待った裁判！
楽しくこわい裁判！
悪を裁く裁判！　不正を無くせ裁判！
裁判だ！

裁判の用意ができると、人形たち着席し、「早くやれぇ」「やれぇ」などのヤジを飛ばす。裁判長らしき人形A（ピッチ）は木づちを打ち下ろす。

人形A　（トン）セイシュクに！（静かにならない）セイシュクにって言ってんだろ！……それでは開廷します。
人形C　ところでだれを裁くのですか？
人形B　バッカだなぁ、てめぇ！　人間どもに決まってんだろ？
人形I　そうだ！　あったりまえだろ！
人形たち　そうだ！　そうだ！
人形A　（トン）セイシュクに！　そうです。この香さんの問題を解決する早道は、腐りきった人間どもを裁くことです！　とりあえず、その人間どもの罪状を明らかにしましょう。検事チョップ！
人形D　はい！

チョップ、颯爽と立ちあがり、身なりを直す。人形たち、拍手喝采。

人形D　えー、そもそも人間というやつは、先ほど香さんの話にありましたように虚偽の世界―すなわちウソで塗り固めた世界のコトですが―を、作りあげて喜ぶというどうしようもない性質があり、そこにおける真実というものが常に虐げられ、排斥されるわけです。
人形たち　そうだ！　そうだ！
人形D　かといって、夢や空想があるかというと、何もない！　話に聞くところによれば、驚くべきことに、夢みるものは、病院送り！　空想するものは、抹殺されると言います！
人形E　オオ、コワ。
人形H　こわいわねぇ。
人形D　現に！　そこにいる夢多き少女、春野香は、虚偽の世界の犠牲となる一歩手前でありました。そんな人間世界を僕らは許すわけにはまいりません！
他の人形　そうだ！
人形D　それを許していたら、この夢里の人形世界も、いつの日か抹殺されるやもしれません！　裁判長！　断固たる処置をお願いします！

人形たちすごい歓声。

人形A　（トン）それでは、証人喚問に移ります。証人の春野香くん証人席へ。今、チョップ検事の語ったことについてですが、あなたの周りの人間たちはどうでしたが？

香　まったくその通りです。誰かに作られた世界、誰かに作られた人たち！　それも無気力で、自由じゃないことにも気がつかない！

人形B　そうだ！　それが実態ってやつだ！

人形I　カッコばっかり気にしやがって！

人形H　そうよ、第一思いやりってものがないわよ！

人形B・I・H・D　裁判長！　人間どもを極刑に！

他の人形　そうだ！　そうだ！

人形A　（トン）それでは……。

香　待って！

人形A　なんですか？

香　でも、人間の中にはもっといい人たちがいるかも……いえ、きっといるに違いないわ。だから人間すべてが悪いわけでも……。

人形D　裁判長！　証人は先ほどの自分の証言をひるがえし、今度は想像、もしくは、自分の願望でものを語ろうとしています！

人形B・I・H　そうだ！

人形G　いや、そんなことはない！　僕らは人間世界すべてを知らない！　それは香さんも同じことだと思います。だから、人間の中にももっといい人たちがいるかも……。

人形D　現実を直視したまえ、弁護人ガム！

人形B・I・H　そうだ！

人形D　証人春野香の直面してた現実！　僕らが出会ってきた人間どもの実態！

人形B・I・H　そうだ！

人形D　どこに「いい」と表現できる人間がいるというのか！

人形B・I・H　そうだそうだ！

人形D　裁判長！　私としては、証人の発言が欲しいと思います！

人形A　（トン）いいでしょう。証人春野香、検事の質問に答えなさい！
香　そ、それは……今は……分かりません。
人形D　分からない？　それならば何故……。
人形C　待ってください！　ほら、あの街！　あの街に香さんがいけばどうでしょう！　そうすればそこには新しい人間たちがいます。その中にはいい人たちも……。
人形B　待てよ！　それじゃ、この街を逃げると同じじゃねえか！
人形I・H・D　そうだそうだ！
人形C　違いますよ！　出発ですよ！
人形E・F　そうだそうだ！
人形G　そうです！　春野香は、この街で努力してきた！
人形E・F・C　そうだそうだ！
人形G　なんとか変えようと努力してきた！
人形E・F・C　そうそう！
人形G　しかし、それも無駄であるような世界であったわけです。だから、新たな世界を求めて出発する！
人形C・E・F　そうだそうだ！
人形D　それはおかしい！
人形I　そうだ、おかしいぞ！　この街がだめなら、あの街なんて虫がよすぎる！
人形B　そうだ！　そうだ！
人形C　そうじゃありませんよ！
人形D　いや！　香さんが言うあの街といっても人間世界には変わりがない！
人形B・I・H　そうだ！
人形D　想像等で語るとすれば！　この街の現実と照らし合わせ、あの街の世界は容易に想像できます。
人形B・I・H　そうそう。
人形D　そう！　そして、こう断言できます！　証人春野香は、またもや、あの街を逃げだすだろうと！
人形B・I・H　そうだ！　いいぞ、いいぞ！
人形E　待ちなさいよ！　そこまで言っちゃうこともないでしょ。気分を変えて……てこともあるわよ。ほら、着るものが変われば、気分も変わるでしょ。あれと同じよ。
人形C・F・G　そうだそうだ！
人形B　てめぇの言いそうなことだ！
人形I・D　そうだそうだ！
人形A　（トン）セイシュクに！　まぁ、わたしが判断するに、春野香、あなたは、この街を逃げ出そうとしているとしか思えませんね！

人形I・H・D　そうだ！

人形B　俺たち検事側の勝ちだ！

人形B・I・H・D手を取り合って喜ぶ。

人形A　（トン）まだ先があるんだ、静かにしろ！

人形C・F・E・G「そうだよ」「そうよ」などの声。

人形A　しかし、あえてそれを出発と表現してもいい。しかし、どこに出発するのか、それが問題です。それがまた、人間世界だとすると、なぜこの街で、あなたの住んでるところでもっと努力できなかったのか！あなたは、どんな努力をしてきたのか、聞きたくなりますね。

人形D　そうだ！　どんな努力をしてきたか答える必要があるぞ！

人形B・I・H　そうだ！

香　それは、前にも言ったでしょ！　あなたたちもわかってくれて……

人形A　いいえ！　あれは、今の人間世界の実態がわかっただけのこと！　今、問題にしているのは、この街の人間世界の中で、もっと努力できなかったのか！どんな努力をしてきたか！

人形D・I・B・H　そうだそうだ！

香　わたしは努力したの！　努力したのよ！　わたしのできる限りのことをやったわ。それで、それでだめだったからココにきたのよ！

人形I　だから言ってるだろう！　この街でだめだから、あの街で、なんて虫がよすぎるって！

人形D　そうだ！　そんなことで解決する問題じゃない！

人形B　そうだそうだ！

香　だったら、どうすればいいの？　あなたたちは、わたしがここに来ないで、もっと努力すべきだったっていうの？　どうして私がここに来てしまったか、わかってくれないの？

人形E　そうよねえ。なぜここに来てしまったか分かってあげなくちゃ、あまりにかわいそうでしょ！

人形G・C・F　そうだよ！

人形B　そしたらどうする！　あの街にいけばいいと思ってんのか！
人形A　そう！　あの街にいっても解決はできない！　どう解決するんです？　ラン。
人形E　あーら、そんなの簡単じゃない。香さんがずっとここにいることよ！
人形F　名案！　それが一番さ。ここにいりゃいいんだ、僕らの仲間になってさ！
人形I　おお！　それがいい！　なぁみんな！
人形たち　そうだ。（そうよ）
人形C　香さん、いいよ、ココは。楽しくて活気があり、香さんにぴったりさ！
人形A　（トン）なるほど、名案です。しかし、そのためには、香さんが人形にならなくちゃいけない。どうですか？　香さん。
香　人形に？　このわたしが？　このわたしが人形になれるの？
人形A　はい。簡単なことです。名前を言って、人形になりますと言えばいいさ！
香　ええ、わたし、子どもの頃、人形になりたいって思っていたの。

人形G　えっ？　で、でも……
人形A　ガム！　なんですか？

他の人形たち、ガムをにらみつける。

人形G　……い、……いいえ、なんでもありません。
人形A　それならどうぞ、香さん。
香　わたし、わたし、春野香……。
人形A　……どうしたんです？　僕らの仲間になりたくはないんですか？
香　……。

人形A、人形Dに「行け」と合図をする。

人形D　香さん、あなたは人間世界にとどまりたいのですか?!　あなたがあんなに苦しんだ人間世界に！
人形A　チョップ！
香　そう！　わたし、人間世界なんて帰りたくない。帰るもんですか。わたし、春野香は、……人形になります。

人形Gをのぞき人形たち、「ヤッター！」など歓声をあげる。

人形A　（トン）よし！　これで決まりだ！　春野香は、今から夢里人形世界の人形、ジェーンとなります。（トン）

人形たち、また歓声をあげる。

人形C　みんな、歌（「人形の歌」）を歌って、お祝いしよう！

人形たち　そうしよう！

♪　僕らは陽気な人形　オゥオゥオゥ
僕らは陽気な人形　オゥオゥオゥ
僕らが歌えば　世界が踊る
僕らが踊れば　世界が回る
僕らは陽気な　僕らは自由な
しあわせものの人形
オゥオゥ　オウ！

人形C　香さん、そう思うでしょ？

人形A　チャップ、違うよそれは。彼女はジェーンだ！

人形C　あっ、そうか。もう仲間だったね！

人形I　メリー、ジャク、ジェーンか。悪くないな。

人形F　寝てますよ！

人形A　安心して疲れが出たんだろう。

人形B　あぁあ、もう終わりか。

人形F　でも、今日はなかなか、おもしろかったね。

人形D　そうですね。非日常的な楽しさがありました。

人形H　そうね。時には、変化がなきゃ。

人形B　今日のチームワークもなかなかだったしね！

人形I　あったりまえよ！（人形Bに）なぁ！

人形B　あぁ。あったりまえよ！

人形I・B笑う。人形たち笑う。

人形G　でも、ちょっとかわいそうだね。

人形C　何が？

人形G　カオリ、いやジェーンがさ。

人形D　ガム、相変わらずだね。でも彼女から入り込んで来たんだし、明日になれば忘れちゃうさ。

他の人形たち　そうだろうなー。（みんな少し寂しげであ
る）

人形A　まぁ、それはしかたないことさ……あぁ、なん
だかからだが動かなくなってきたなぁ。あぁ、また、い
いように操られるのか。さぁ、移動だ！

人形たち、かったるそうに「オー」といって動きだす。
だんだん操り人形の動きになっていき、開幕時の位置
にもどり、止まる。
夜が明け、少女、顔を上げる。

香　アーァ。えっ人形たちは？

急に立ち上がって、周りを見る。そして、人形たちの所
に行き、人形たちを見て。

香　夢だったのか。そうか、夢だった。そうよ。人形た
ちが動くなんて……。でも、私はジェーン、人形になっ
てしまった……。でも、夢だったのね。よかった。

おばさん、入ってくる。

おばさん　おはよう。もう起きてるのかい？

香　ええ、私、人形になった夢をみて、……あっ、なん
だか、なんだかからだが……。

おばさん　動かないって言うんだろ？　ヒョヒョヒョヒョ
ヒョ……。あんた、人形になっちまったんだよ。

香　えっ！　でも、あれは夢……。

おばさん　だったらからだを動かしてごらん？　人形に
なってないならねえ。

香　あっ、動かない、あっ、動かない！

おばさん　ほうらね。まあ、いいじゃないか。あんたも
望んでたことなんだから。

香　いや！　人形なんて！

おばさん　何を今さら言ってんだい！　人間世界は嫌
だって飛び出してきたんだろう！　そうじゃないのか
い？

香　で、でも、人形なんて！

おばさん　またでもかい！　へっ、おまえさんに言わせ
ると、人形になってしまうのはいや。でも人間世界も
いや。でも。でもだ！　おまえさんみたいのを甘った
れって言うんだよ！

香　甘ったれ？　わたしが甘ったれてるっていうの？
おばさん　そうだろ。おまえさんには、まだ分かってなかったのかねえ。おまえさんが言う、操られて、さからわずに楽に生きようとするのが甘ちゃんなら、おまえさんみたいに逃げ出して、どっかいいとこは、なんて虫のいいことを考えるのは、本格的な甘ったれっていうんだよ。
香　だったら、どうすれば、どうすればよかったのよ！
おばさん　さあ知らないね。それはおまえさんの問題だろ？　人に答えてもらおうというのが甘ったれてるっていうんだよ！　そうだろう？　あ、……あ、……もう口がきけなくなったのかい。まあ、また夜になれば、昨日のことなんて忘れちまうさ。ここの人形たちにはねえ、昨日ってものがないのさ。だから幸福といえば、幸福なのかねえ。まあそのかわり、明日ってものもないんだけどね。……聞こえてるかい？　人形には、そんなもん関係ないだろう？　ヒョヒョヒョヒョヒョ……。（少女の眼の前で手を振ってみたりして）ああこりゃだめだ。（下手へいきかけて）ああ、いいこと教えてあげる。ここの人形たちも、昔はおまえさんと同じ人間だったのさ。……まあ、お仲間って感じだねえ。うれしいだろ？　ヒョヒョヒョヒョ……。（下手に向かいながら）でも、これで出し物を変えられるっていうもんだね。ちょっと忙しくなるねえ。（下手に引っ込んでしまう）

叫びとも、轟音ともつかない音楽。その音楽とともに人形たち、くずれ落ちる。

――幕――

『人形館』劇中歌

作詞・作曲＝ナベ・シゲル

［採譜＝佐藤ゆかり］

人生はお祭りだ！

かごめかごめ１

＊「**かごめかごめ２**」は、前奏が２小節になります。

腐ってる

Cm Cm
くっ くっ くっ くっ
Gm Cm
くっ くっ く さっ て る くっ くっ くっ くっ
Gm Fm
くっ くっ く さっ て る に ん げ ん
Cm Gm
な ん て み ん な くっ くっ くっ くっ
Cm Fm
くっ くっ く さっ て る あ す の
Cm Gm
た め に と きょう を ー ご ま か し お ま え の
Cm
た め に と ひ と を ー あ や つ る
Cm Gm
くっ くっ くっ くっ くっ くっ く るっ て る
Fm Cm
くっ くっ くっ くっ くっ く さっ て る

楽しめ裁判！

C C Am
3
さ いばん だ さ いばん だ
Dm G7 C Am
ゆめざ と さい ばん だ さ いばん だ さ いばん だ
Dm G7 C Am Dm G7
ゆめざ と さい ばん だ まちにーまっ た さ い ばん
F
たのしくこわ いさいばん あく をさば くさいばん
G7 G7
ふせいをなく せさいばん さ ー ーいばん
C
4
だ

人形の歌

C
ぼくらはーようきな にーんぎょう
G7 F
うおう おうおう ぼくらはーようき
C
なにーんぎょう うおう おうおう
F Am
ぼくらがーうたえば せかいがーおどーる
G7 C
ぼくらがーおどれば せかいがーまわる
F C
ぼくらはーようきな ぼくらはーじゆう
G
なしあわせーものの にーんぎょう
C
うおう おうおう

上演のてびき

渡辺　茂

▼1

『人形館』という劇は、'78雑演（東京都豊島区立雑司谷中学校演劇部〔一九七八年度〕）全員で作った劇と言える。また、本格的に歌・踊りを入れた雑演としても、初めてのミュージカル風な劇とも言える。

夏期活動の構想討論に沢田隆子（当時二年生）が出した構想原案にメンバー全員が賛同し、夏休み中はその構想練り直しに終始したが、そこにおける劇スタイルの検討、キャラクター検討がこの劇の骨格を作ったといえる。前半部の脚本化にもかなりの時間を要した。メンバーと役とのキャラクターとの一致や、それぞれのキャラクターが持つテンポ・そのからみのリズムの確定のために書いては練習し、また書き直すという作業を何回かくり返したからだ。だから必然的に'78雑演のあるメンバーしか雰囲気を出せないセリフがあり、このままでは演出しにくいところが出てくるかもしれない。そこは演じる者に合わせ、役のキャラクターさえ変えて演じて欲しいと思っている。

ミュージカル風な劇となったのは、劇スタイルを決める時、当時のスタッフがロックバンド（CREATIVE MEN）を組んでおり、音楽的な面でも参加させてくれという要望を持っていた結果であり、踊りにおいてもメンバーの要望があり、なんとしてもという気持ちで無理を重ね入れてみたというものであった。

そんなこんなで初めて試みること（バンドアレンジ・録音・踊りなど）も多く苦労することもあったが、メンバー全員で楽しみながら作った劇と言える。

▼2

この劇のストーリーは単純であるが、劇構造に特徴があるのでそれをとらえて欲しいと思う。

①　少女とおばさんと人形たちという三者の関係が劇構成の柱となっている。おばさんから見ると少女と人形たちは同一の存在であり。少女から見るとおばさんと人形たちは一対のものであり、人形たちから見るとおばさんと少女は自分たちとは異質な同じ様な存在である。この三者の関係が場面場面でどの者の眼でみた関係であるかが入れ変わりからみ合う。この点を演出するとき大きくとらえながら、少女に対した人形たちと、人形たちの中での個々の人形の関係をおっておく必要があると思う。

②〈人形館〉自体が人間世界の漫画的な縮図であり、本当の世界が〈人形館〉を一歩出た外に存在するというイメージを劇全体の中で表現する工夫があれば好ましいと思う。
この二つの全体観の中でおばさん、少女、人形たちがそれぞれのテンポを持ち、あるリズムに乗って上演できればおもしろい劇ができるのではないかと思っている。特に人形たちのキャラクターとそのからみ合いのテンポ、リズムは、活気ある劇にするためには重要なものになるだろう。

▼3

舞台装置は、〈人形館〉というイメージを出せればどんなものでもかまわないという感じがする。初演の頃は、劇場を表現するパネル形式のもので、銀色のばらを描いたものものしいものだったが、何年か後に再演した時は、ホリゾントの色を生かすためにカラフルな木枠のみのものとした。要は人形たちが自由に踊れ、動きやすい広い空間を作ることだろう。また、いろいろなことに応用できる箱状のものを配すると動きにも変化が出ると思う。

▼4

衣装は、それぞれのキャラクターに合わせ工夫が必要だ。特に人形たちは、それ自体が背景になるような変化あるものとしたい。しかし、あまりに〈人形〉を意識してきらびやかにしてしまうと演じる者の個性を殺すおそれがあるので、スカーフ、ベルト、ブーツ、スパンコールによるかざりなどちょっとしたものの工夫をした方がいいと思う。この人形の衣装は自由なだけにアイデアを出し合い、いろんなものを応用して作っていく楽しみがあると思う。
問題はおばさんである。「掃除のおばさん」を意識しすぎると、一般的になりすぎ、おばさんが持つ魔女的な雰囲気がでなくなる。黒を基調としつつ「おばさん」らしく見せる工夫を要すると思う。

▼5

照明はこの劇ではその雰囲気を出す上で重要な要素となる。〈人形館〉という固定された場所、一夜の出来ごとなのだが、場面の雰囲気はコロコロ変わる。その雰囲気を照明で積極的に表現して欲しいと思う。特に踊りの場面などは、横明かり（S・S）、コロガシなどの劇照明ではあまり使わない照明を試みて歌の雰囲気に合わせたものにして場面に変化を付けることを楽しんで欲しいと思っている。

▼6

音楽は、開幕、閉幕の音楽を除いてはオリジナルソングがある。

【編集部より】

作者の渡辺茂さん（一九四五年―二〇一六年）は、二〇一五年にリニューアル版『人形館　２０１５』を発表しています（『演劇と教育』二〇一六年三月号に掲載）。上演校の部員に合わせ人形が十一人に増え、結末も違う印象のものになっています。この脚本集では、オリジナル版を掲載しました。

「上演のてびき」は作者の意向により、初出脚本集（『新編中学校 学校劇全集 第三集』国土社、一九八四年）より転載しました。

劇中音楽の音源（渡辺茂作成）をご希望の方は、日本演劇教育連盟事務局までご連絡ください。有料でお届けいたします。

［日本演劇教育連盟事務局］
電話　０３―３９８３―６７８０
ＦＡＸ０３―３９８３―６７８８

学校演劇脚本の上演手続き

一般社団法人（以下、一社と表記）日本演劇教育連盟では、本誌や脚本集など日本演劇教育連盟の出版物に掲載された脚本が広く活用されると共に、著作者の権利が尊重されることを願って、脚本の上演にあたっては「上演届・上演許可願」を提出されるようお願いしております。

ご理解とご協力をお願いいたします。

（1）義務教育段階の学校での教育上の目的による学校演劇脚本の上演には、上演料（著作権使用料）は不要です。しかし、著作人格権を尊重する上から、**「上演届・上演許可願」**を提出してください。

①**【上演届・上演許可願】左ページ**見本の必要事項を記入し、（一社）日本演劇教育連盟にお送りください。送り方は郵送・FAX・メール添付・ホームページから等、どの方法でも結構です。

②**【事務手数料】**事務手数料（作者との連絡・書類発行等）一〇〇〇円を左記、（一社）日本演劇教育連盟の口座に振り込んでください。（（一社）日本演劇教育連盟の会員の方は手数料は不要です。）

［事務手数料振込先］

・郵便振替００１９０―３―０８８５９８
（加入者）日本演劇教育連盟

・りそな銀行大塚出張所　普通１４７２１１８
（口座名）一般社団法人日本演劇教育連盟

（2）脚本は、書き換えないことが原則です。人数、時間等で、変更せざるを得ないときには「上演届・上演許可願」に変更部分がわかる脚本を添えてお送りください。

（3）脚本、および楽譜などを、上演台本として必要な部数に限って複写（コピー）することは差し支えありませんが、それを他人に配布したり、頒布したりすることは著作権法上許されておりません。

（4）中学校以外で上演する場合、入場料有料での上演の場合などを含め、上演に際して、疑問点や相談したいことなどのある場合は、メールまたＦＡＸで（一社）日本演劇教育連盟までお問い合わせください。できる限りの便宜をはかります。

一般社団法人　**日本演劇教育連盟**

〒170―0005東京都豊島区南大塚３―54―５第一田村ビル３Ｆ
電話03（３９８３）６７８０　FAX03（３９８３）６７８８
ＭＡＩＬ　enkyoren@cronos.ocn.ne.jp
ホームページ　https://enkyoren.com/

年　月　日

一般社団法人 日本演劇教育連盟
上演届担当者様

上演届・上演許可願

貴連盟編『中学生のための脚本集U-15［上］』収載の作品について、下記の通り上演を予定しています。作者との連絡をお願いいたします。

記

1．**作品名**：

2．**作者名**：

3．**上演日時**：

4．**上演会場**：

5．**入場料**：〔無／有（　　　円）観客予定人数（　　　人)〕

6．**上演者**：(団体名・学校・学年・人数)

7．**連絡先**：

代表者名（所属）

住所（〒　　－　　）

電話番号　　（　　）

メールアドレス

8．**上演許可証**（　要　・　不要　）

9．**その他**（作者に伝えたいことなど）

■作者一覧■執筆当時

山﨑伊知郎―東京・公立中学校教員
柏木 陽―――東京・劇作家・演出家・演劇百貨店・演劇部外部指導員
森 澄枝―――東京・中学校演劇部外部指導員
吉川泰弘――東京・ 公立中学校教員
小林円佳――東京・公立中学校教員
若狭明美――東京・公立中学校生徒
渡辺 茂―――東京・公立中学校教員

■編集委員■

大垣花子
小山内徳夫
田代 卓
星 陽子

●一般社団法人 **日本演劇教育連盟**（略称＝演教連）は、1937年に創立され、初めは日本学校劇連盟という名称でした。戦中休止期間がありましたが、1949年に再建、1959年に名称を「日本演劇教育連盟」と改めました。2019年、一般社団法人として法人格を取得しました。演教連は、演劇の創造と鑑賞をとおして、また、演劇的な方法を生かして授業や学級の活動、集会や行事などの活動の活性化を図り、子どもの成長と豊かな人間性の形成をめざす教育研究団体です。演教連には、教師・保育者・学生をはじめ子ども文化の創造と普及のために働く各分野の専門家、また全国の子ども・おやこ劇場の父母、子ども会や児童館など地域での指導者たちが広く参加しています。機関誌として月刊『演劇と教育』を編集（発行は晩成書房）し、会員に配布しています。会費を納めれば誰でも入会できます。

●一般社団法人 **日本演劇教育連盟**
〒170-0005 東京都豊島区南大塚3-54-5 第1田村ビル3F
TEL03-3983-6780 FAX03-3983-6788
Eメール enkyoren@cronos.ocn.ne.jp
ホームページ https://enkyoren.com/

中学生のための 脚本集U-15［上］
二〇二一年 三 月二五日 第一刷印刷
二〇二一年 三 月三一日 第一刷発行
編 集 一般社団法人 日本演劇教育連盟
発行者 水野 久
発行所 株式会社 晩成書房
●〒101-0064 東京都千代田区猿楽町二―一―一六
●電 話 〇三―三二九三―八三四八
●FAX 〇三―三二九三―八三四九
印刷 美研プリンティング 株式会社
製本 根本製本 株式会社
乱丁・落丁はお取り替えします
ISBN978-4-89380-501-0 C0074
Printed in Japan

脚本集

中学校創作脚本集 2018〜2020【以下、続刊】

中学校創作脚本集編集委員会 編●各2000〜2200円＋税

■各巻の収録作品

2018 つばさ＝斉藤俊雄／ちょっと、メロス＝茅ケ崎中演劇部／10years〜希望の桜〜＝仲間 創／新作ちゃんめぐ浪忍＝遠藤琴和＋日吉台西中演劇部／法廷劇「償（つぐな）い」＝山城美香／ゲキブの扉＝柴田静香／そこまでも＝見山紗月／冥界のスープ＝西沢遥輝／『アイ』＝三浦結衣（潤色・ちかだよしあき）／嘘象物語＝鈴木仁志

2019 イマジン＝斉藤俊雄／みんなの歌＝中原久典／くるみとすももと黒崎くん＝横山淳子／花は咲くII 少女前へ＝板垣珠美／地下室クラブの遠藤くん＝久保とみい／悲劇『鬼人間ーおにんげんー』＝村上裕亮原案・久保美咲＋仲間創脚本／10years 〜夜明けのコスモス〜＝仲間創／流星の命＝村中恵李花／ハルヤくんの野望＝浅田七絵／こころのとびら＝稲垣 凜／藍の風が吹くとき〜いのちの理由〜＝辻村順子

2020 ゲキを止めるな！＝斉藤俊雄／SHO-GEKI 小劇&笑劇作品集＝斉藤俊雄／stranger＝杉内浩幸／贈り物にハンカチはよくないのかもしれない。＝木村直香原作・太田由風脚色／アイルランドの魔法の風＝渡部園美／Make Someone Smile 〜わらしべ長者より〜＝大柿未来／闘うグリム童話＝大柿未来／うむい 〜サンゴからのメッセージ〜＝kanabun／カラフルピース＝湊谷寧音原案・板垣珠美脚本／おかみちゃん！＝橘 里多＋日吉台西中演劇部／女傑症候群（ヒロインシンドローム）＝田島光葉／保健室でティータイム＝彼ノ矢恵美／ブドリ 〜宮沢賢治作『グスコーブドリの伝記』より〜＝横山淳子

中学校演劇脚本●斉藤俊雄作品集

シリーズ・七つ森の子どもたち

夏休み 斉藤俊雄作品集●2000円＋税

■掲載作品 夏休み／青空／なっちゃんの夏／ときめきよろめきフォトグラフ／降るような星空／春一番

七つ森 斉藤俊雄作品集2●2000円＋税

■掲載作品 七つ森／とも／怪談の多い料理店／ザネリ／魔術／森の交響曲（シンフォニー）

ふるさと 斉藤俊雄作品集3●2200円＋税

■掲載作品 ふるさと／アトム／Happy Birthday／赤と青のレクイエム／夏休み［戦後七十年改訂バージョン］／私の青空［『青空』戦後七十年バージョン］／ずっとそばにいるよ

http://www.bansei.co.jp

応援します！ 中学校演劇

晩成書房●図書案内

脚本創作

中学生・高校生のための劇作り9か条

菅井 建 著●1200円＋税

■一度はオリジナルの劇をやりたい！ でも、どうやって脚本を書き上げたらいいんだろう……。そんな中学生、高校生に贈るミニ・テキスト。数々の学校劇作品を生んできた著者が、みんなの思いを出しあって集団で脚本を書き上げる、脚本集団創作の方法とポイントを、わかりやすい9か条に示して説明します。

シェイクスピアが笑うまで 中学生のための脚本創作法

志子田宣生 著●1200円＋税

■オリジナルの脚本を創った中学生と先生の対話という形で、脚本創作の方法をわかりやすく解説。中学生の創作脚本を実例にして、脚本の構想、構成から、せりふ、ト書きの書き方まで、シェイクスピアの作品などの名作戯曲を手本にしながら、中学生自身に語りかける形で、ていねいに解説します。

ふじたあさやの体験的脚本創作法

ふじたあさや 著●2000円＋税

■現代劇の最前線で数多くの作品を創作してきた著者が、学校演劇をはじめ、舞台劇の脚本創作をめざす人のために、脚本創作の仕事の全てを公開。自らの演劇創造の歩みを振り返り、その体験をもとに、脚本を「いかに書くか？」という問いに答えます。演劇を創造するということの原点に迫る基本図書です。

舞台技術

ザ・スタッフ 舞台監督の仕事

伊藤弘成 著●3400円＋税

■舞台監督はスタッフの仕事全体をまとめ、上演を成功に導く大切な役目。本書はその舞台監督のための手引き書です。大道具・小道具、照明、音響、メークアップなど各スタッフの仕事の実際、劇場のプロのスタッフとの打ち合わせ、本番当日の搬入・仕込み・リハーサル・撤収まで、円滑に、安全に行うためのマニュアルです。

http://www.bansei.co.jp